AF209708

BRETT UND STEIN
VERLAG

GUNNAR DICKFELD

TOCCA AL NERO

SUSSIDARIO DI GO

30 KYU - 25 KYU

BRETT UND STEIN
VERLAG

La Deutsche Nationalbibliothek registra questa pubblicazione nella Deutsche Nationalbibliographie.
I dati bibliografici dettagliati sono disponibili sul sito internet http://dnb.d-nb.de

ISBN 978-3-940563-58-3

Disegno in copertina: HAMMERGEIGEROT
Stampa: Books on Demand GmbH, Norderstedt

I diagrammi presenti in questo libro sono stati elaborati con SmartGo™: http://www.smartgo.com

Printed in Germany

Prefazione

Il Go è un gioco da tavolo strategico di origine asiatica che affascina ed entusiasma gli uomini da 4000 anni. È considerato uno strumento utile per lo sviluppo della nostra capacità creativa.

Nonostante questo gioco sia ritenuto molto complesso e misterioso, le sue regole sono molto semplici ed è più facile degli scacchi: per imparare le regole di base bastano solo pochi minuti. Anche i bambini possono quindi divertirsi con partite emozionanti. La libertà d'azione, garantita dalle poche regole e dalle poche restrizioni, permette innumerevoli posizioni e combinazioni di gioco.

Questo eserciziario si rivolge a quei giocatori che hanno appena conosciuto questo gioco ed offre esercizi che aiutano ad approfondire e sviluppare la comprensione delle regole. Imparerete a riconoscere le relazioni e le dipendenze delle singole pietre tra di loro per poter così migliorare il vostro gioco.

Gli esercizi aumentano in difficoltà: all'inizio sono facili, alla fine del libro diventano complicati.

Vedrete come riuscirete non solo ad approfondire la comprensione di questo gioco in modo divertente, ma anche a stupire i vostri amici e compagni di gioco con abili mosse!

Gunnar Dickfeld

Contenuto

Le regole del Go

Inizio della partita

I giocatori dispongono a turno le proprie pietre sulle intersezioni vuote; ogni giocatore ha la libertà di scegliere una qualsiasi intersezione vuota. La pietra così disposta non può più essere spostata. Il Nero comincia la partita. Un giocatore può anche rinunciare a disporre la propria pietra (il giocatore "passa").

Con l'aumentare delle pietre sulla tavola si creano connessioni e gruppi.

Circondare un territorio

I giocatori cercano di circondare parti della tavola di gioco posizionando a turno le proprie pietre. Le aree completamente circondate vengono chiamate territori.

Circondare le pietre

Una singola pietra posta sulla tavola ha quattro intersezioni dirette, le cosiddette "libertà". Queste sono solo i punti di intersezione in verticale e in orizzontale. Se la pietra si trova sulla linea del bordo, ha solo tre libertà (più esempi negli esercizi del cap. "Libertà").

Quando l'avversario occupa a mano a mano tutti i punti di intersezione vicini, la pietra è stata circondata; quando la pietra viene completamente circondata, viene considerata catturata e rimossa dalla tavola. I punti in diagonale non devono essere occupati.

Pietre poste l'una accanto all'altra formano connessioni, che possono essere catturate soltanto nel loro insieme. Un turno è completo quando un'ultima libertà viene occupata e la pietra catturata viene tolta dalla tavola (più esempi negli esercizi dei capp. "Atari" e "Cattura").

Suicidio proibito

Nessuna pietra deve essere posizionata in modo tale che non abbia più nessuna libertà. Dato che una mossa di questo tipo sarebbe un suicidio, tale regola viene detta "suicidio proibito".

Tuttavia, quando con una mossa vengono catturate una o più pietre dell'avversario, la pietra disposta riceve almeno una libertà e così tale cattura evita il suicidio. Nel cap. "E' permesso?" troverete esercizi sulle mosse consentite e proibite.

La regola del Ko

Se una pietra ha appena catturato un'altra pietra, questa non potrà essere catturata nel turno immediatamente successivo.

Se, per esempio, il Bianco cattura una pietra nera, allora questa pietra bianca non può essere subito ricatturata dal Nero. Questa mossa è proibita però solo per un turno. Se il Nero dispone prima una pietra in un altro posto, dopo può catturare il Ko. Sarebbe poi il Bianco che non potrebbe ricatturare subito la pietra (esercizi al riguardo nel cap. "Ko").

Territorio e prigionieri

La partita è finita quando entrambi i giocatori hanno "passato", cioè quando entrambi non vogliono posizionare più nessuna pietra perché non ci sono più punti da ottenere. A questo punto vengono tolte dalla tavola le pietre imprigionate e messe insieme alle pietre catturate durante la partita.

Si contano poi tutte le intersezioni circondate da un colore. Prima però si mettono sulla tavola tutte le pietre catturate e tolte: pietre nere nel territorio nero, pietre bianche nel territorio bianco. Così viene ridotto il punteggio dei giocatori (esercizi al riguardo si trovano nel cap. "Fine della partita").

Libertà

Le pietre del Go hanno intersezioni vicine che vengono chiamate "Libertà".

Quante libertà ha la pietra nera?
Nel primo esercizio i numeri vi aiutano.

1

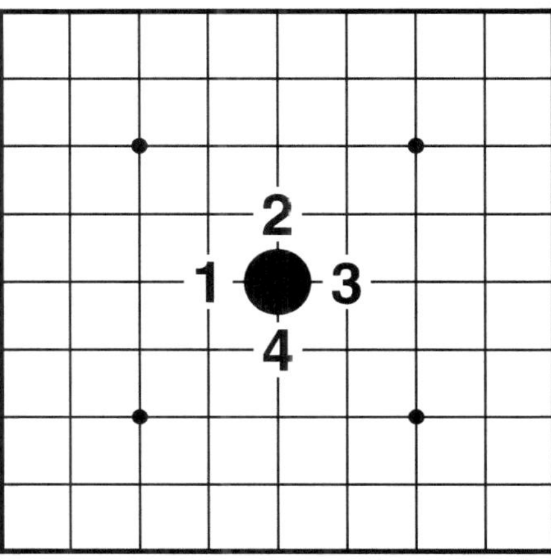

Nero.
Quante libertà hanno le due pietre?

2

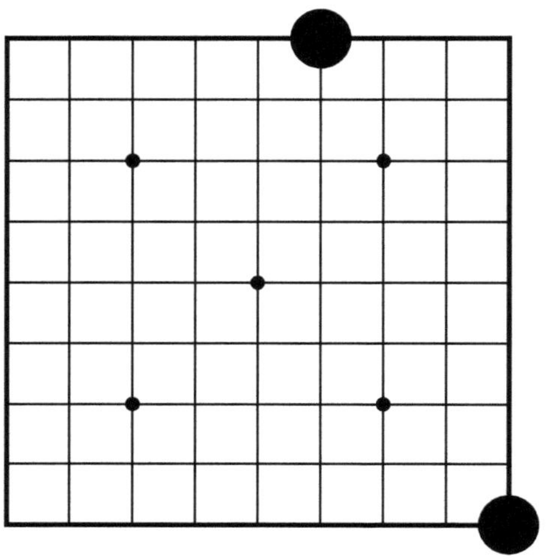

Nero.
Quante libertà hanno le pietre?

3

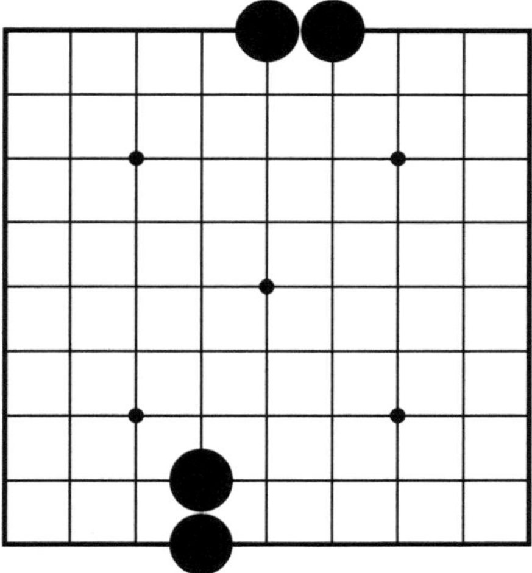

Nero.

Quante libertà hanno le pietre?

4

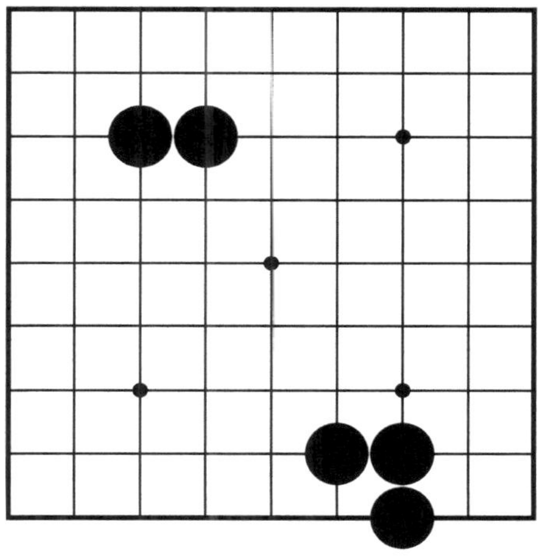

Nero.

Quante libertà hanno le pietre nere?

5

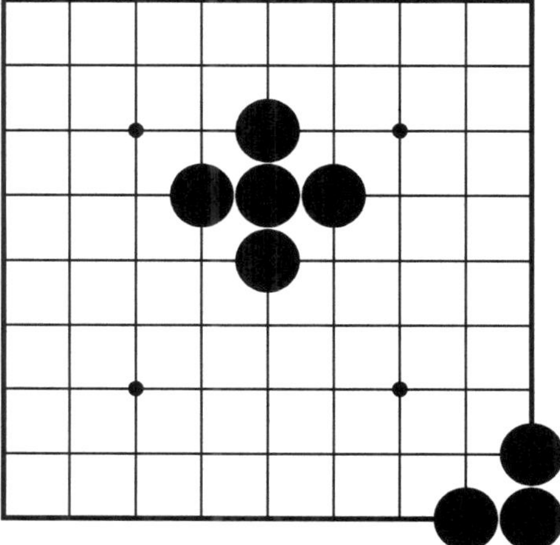

Nero.
Quante libertà hanno le pietre?

6

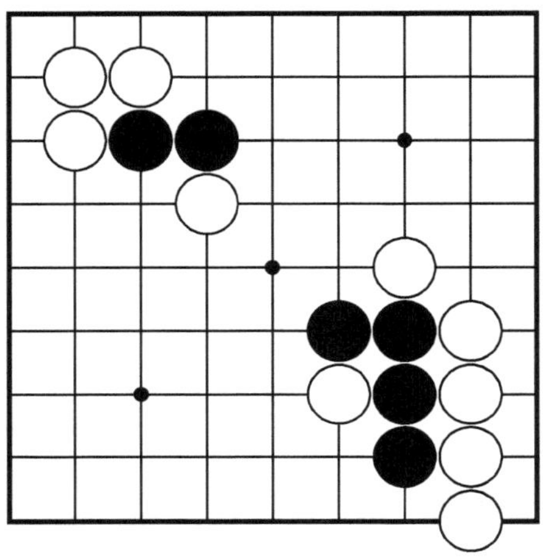

Nero.
Quante libertà hanno le pietre bianche?

7

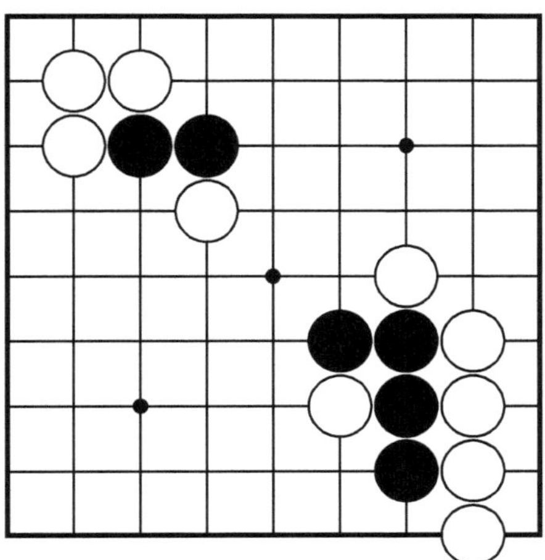

Atari

Quando le pietre del Go possiedono solo un'intersezione libera, sono in "Atari" e possono essere catturate nel turno successivo.

La pietra bianca contrassegnata è in Atari. Dove bisogna disporre la pietra successiva per catturarla?

8

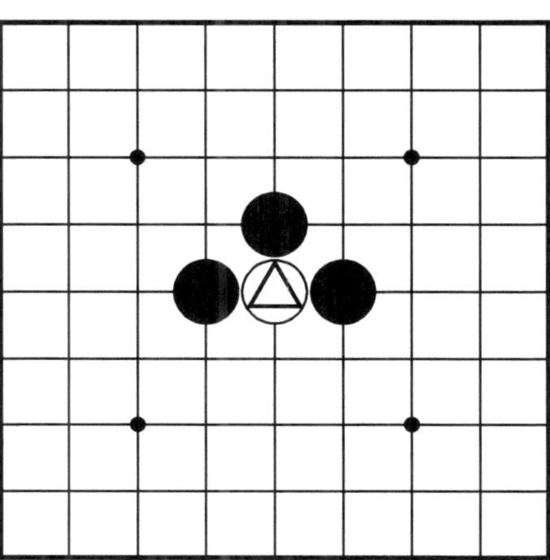

Tocca al Nero.

Due pietre bianche sono in Atari. Dove bisogna disporre le pietre successive per catturarle?

9

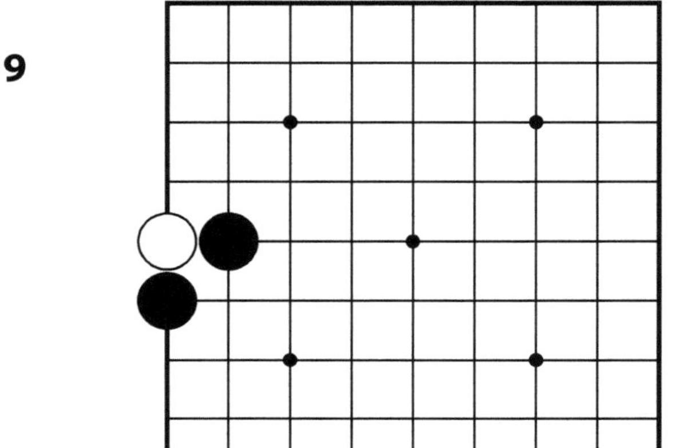

Tocca al Nero.

Quali pietre bianche sono in Atari?

10

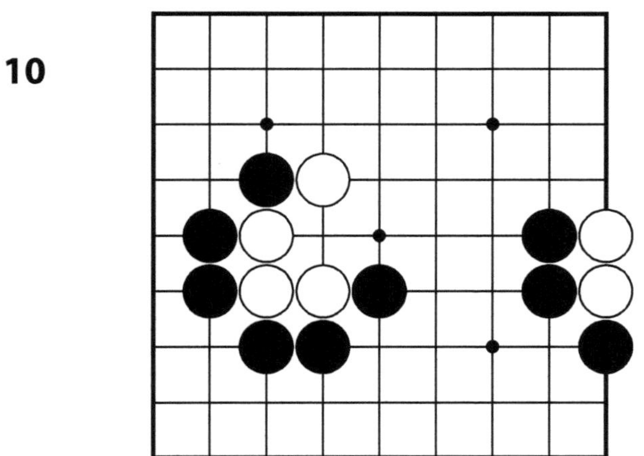

Tocca al Nero.

Due pietre bianche sono in Atari. Dove bisogna disporre le pietre successive per catturarle?

11

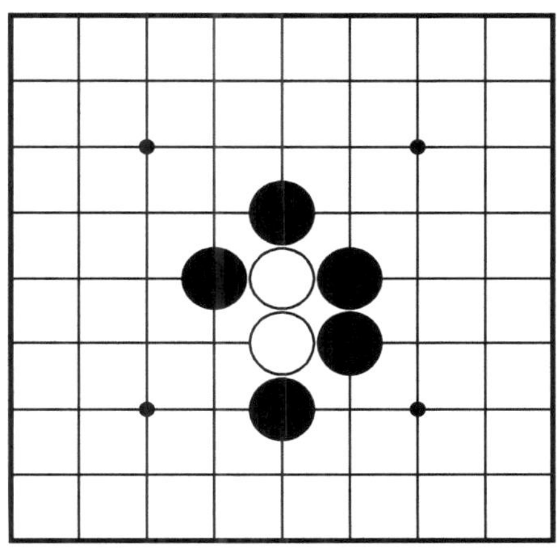

Tocca al Nero.

Quali pietre bianche sono in Atari?

12

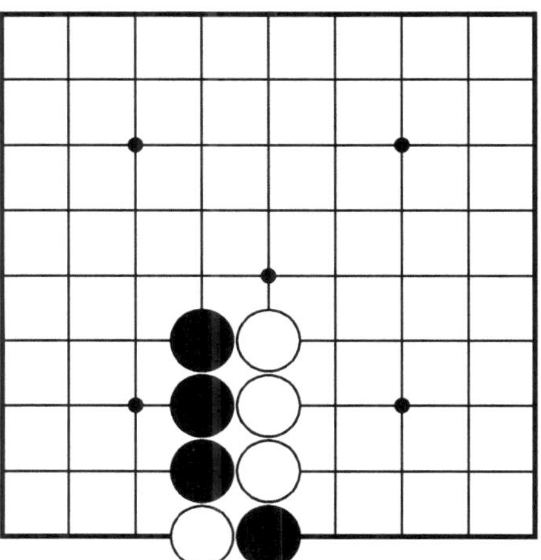

Tocca al Nero.

Due pietre bianche sono in Atari.
Come potete catturarle?

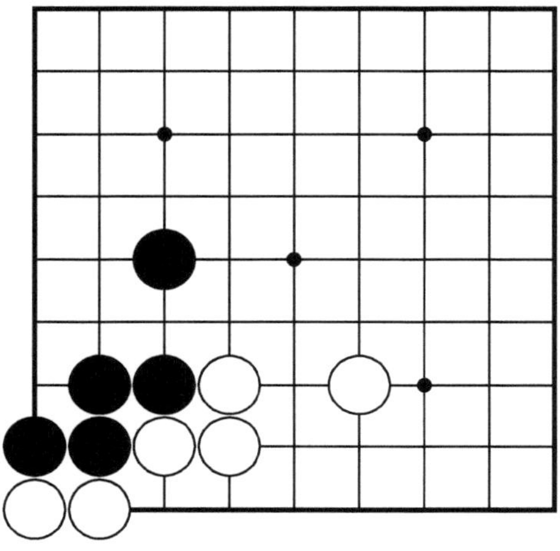

Tocca al Nero.

Le pietre bianche sono in Atari.
Come potete catturarle?

14

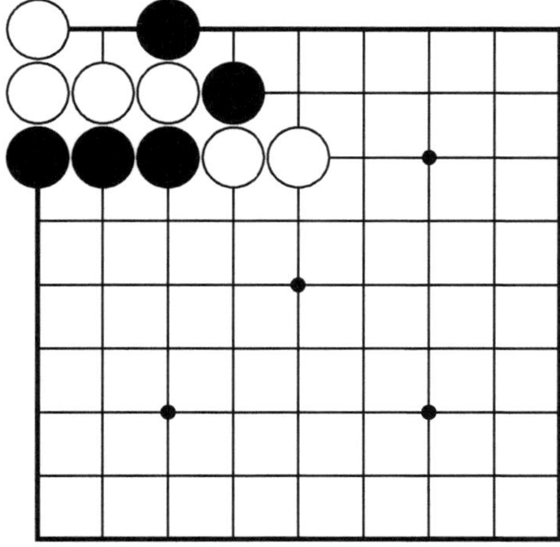

Tocca al Nero.

Quali pietre sono in Atari?
Dove potete catturare?

15

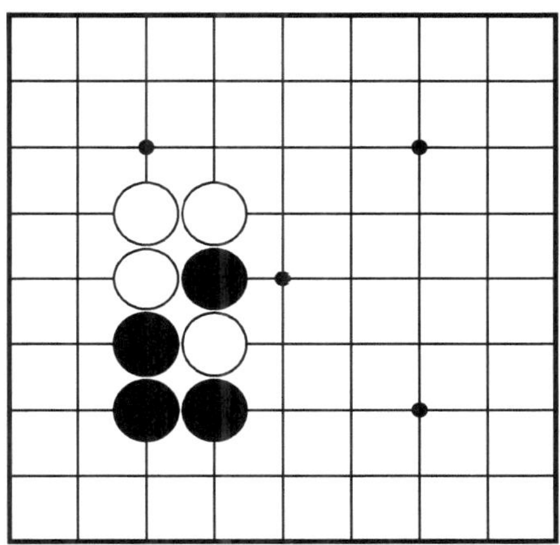

Tocca al Nero.

Quali pietre sono in Atari?
Dove potete catturare?

16

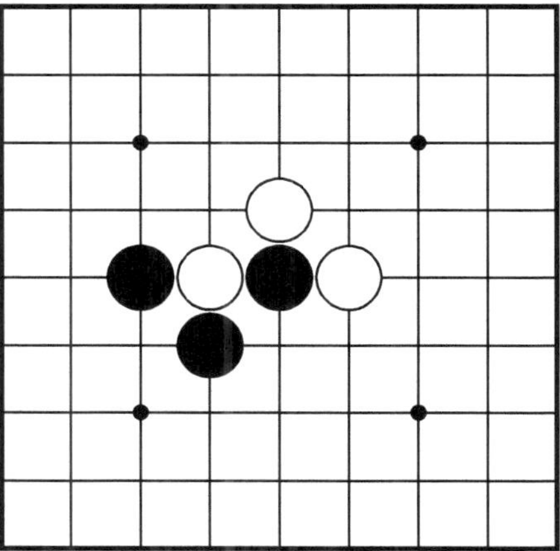

Tocca al Nero.

Quali pietre sono in Atari?
Dove potete catturare?

17

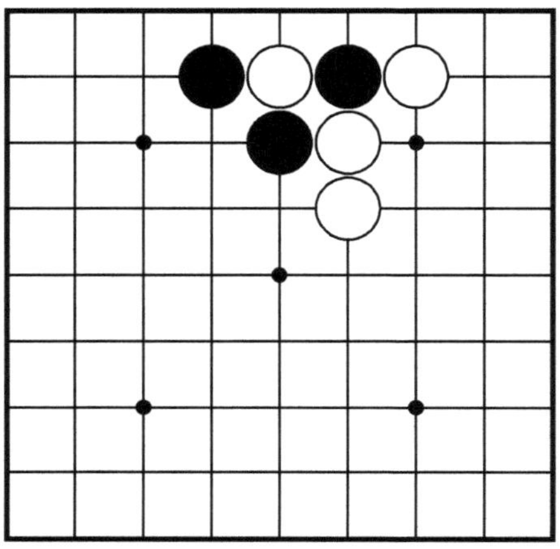

Tocca al Nero.

Quali pietre sono in Atari?
Dove potete catturare?

18

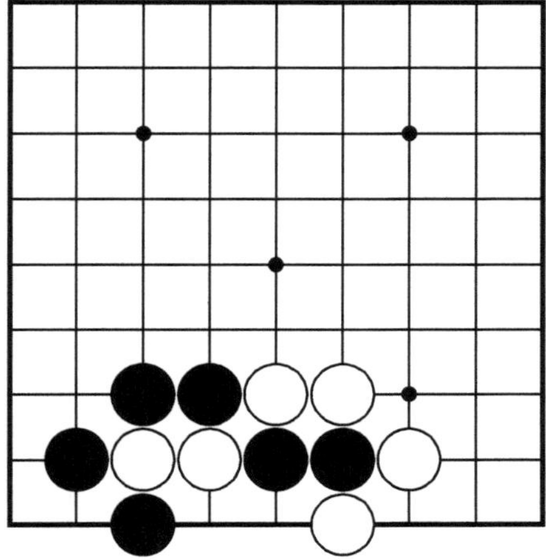

La cattura

La cattura delle pietre ha un ruolo importante nel gioco del Go. Nei prossimi esercizi dovete riconoscere quali pietre potete catturare.

Dove dovete posizionare la vostra pietra, per catturarne un'altra?

19

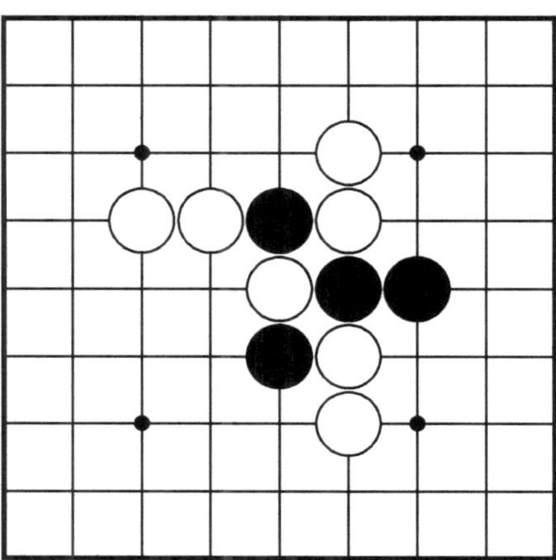

Tocca al Nero ...

... e cattura delle pietre bianche!

20

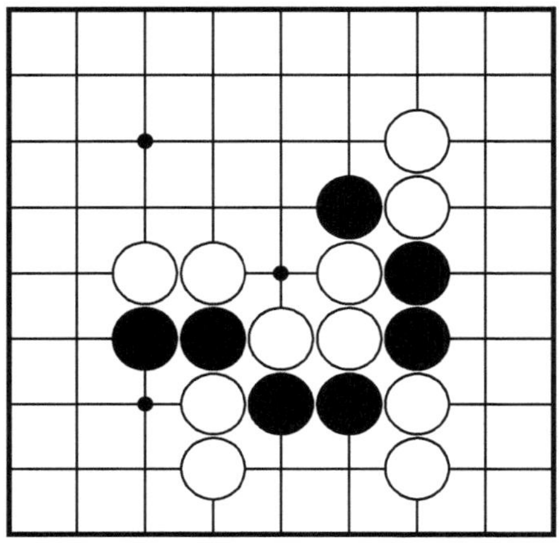

Tocca al Nero ...

. . . e cattura una pietra bianca!

21

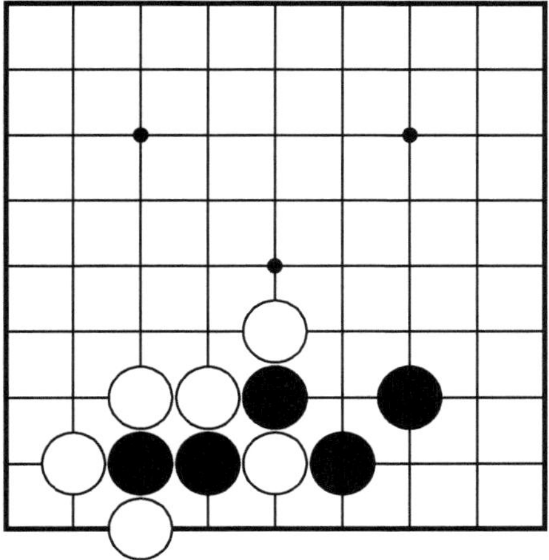

Tocca al Nero ...

... e cattura delle pietre bianche!

22

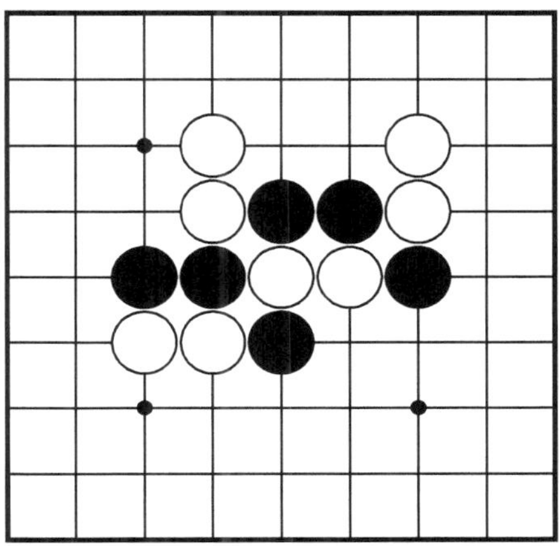

Tocca al Nero.

Quale pietra catturereste?

23

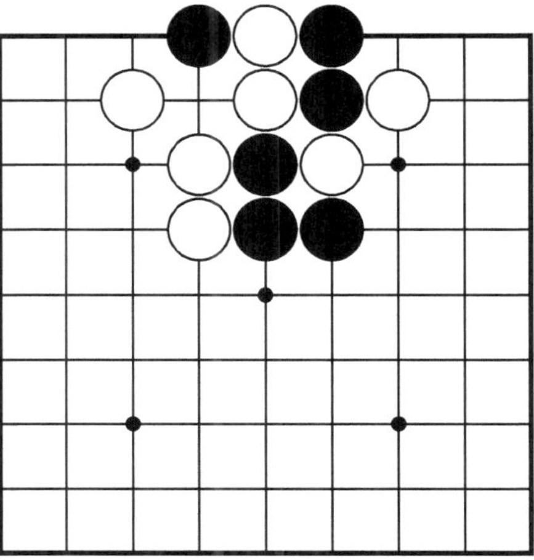

Tocca al Nero ...

... e cattura delle pietre bianche!

24

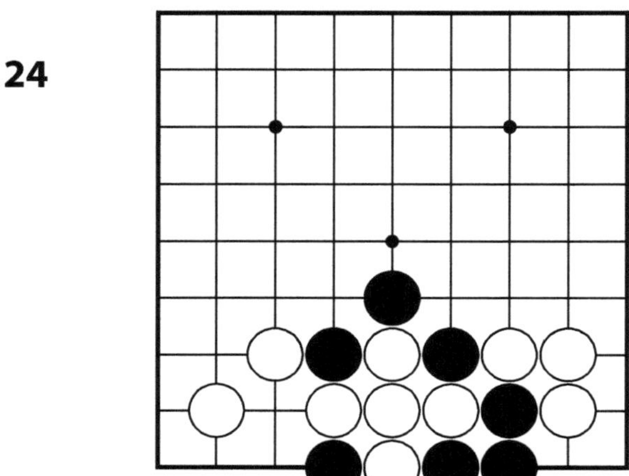

Tocca al Nero.

Dove potete e dovete catturare?

25

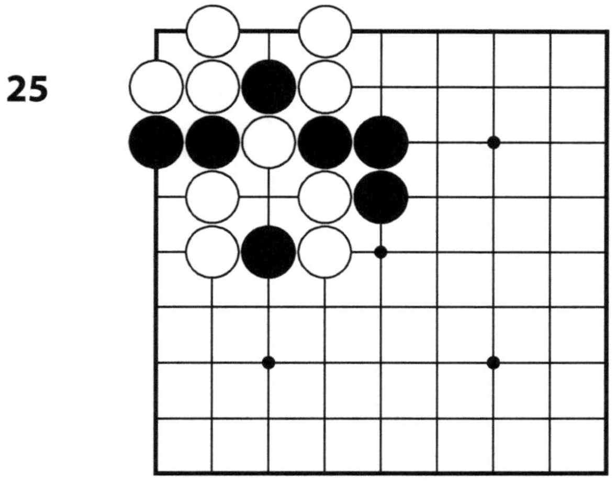

Tocca al Nero.

Dove potete e dovete catturare?

26

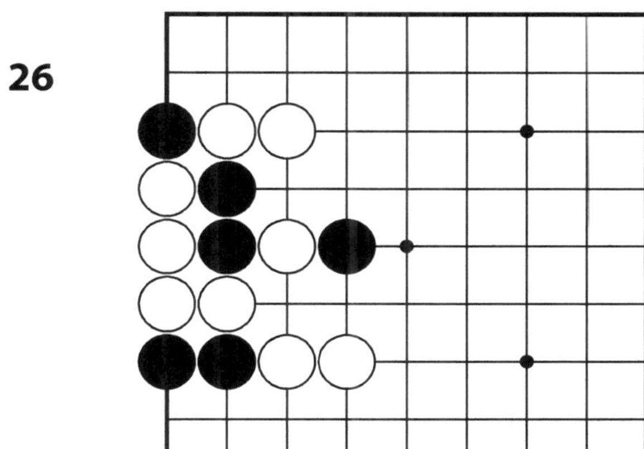

Tocca al Nero ...

... e cattura delle pietre bianche!

27

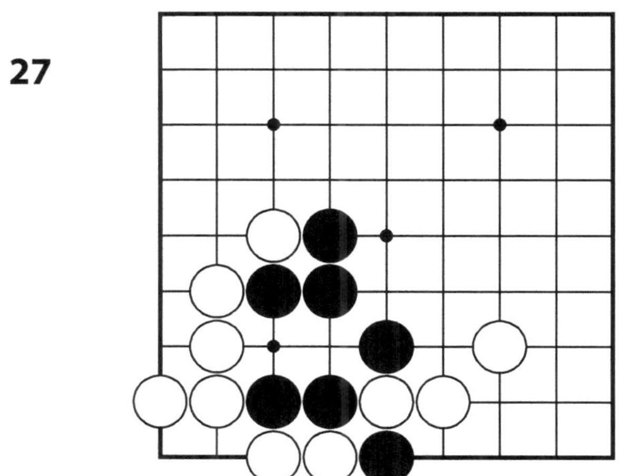

Tocca al Nero ...

... e cattura delle pietre bianche!

28

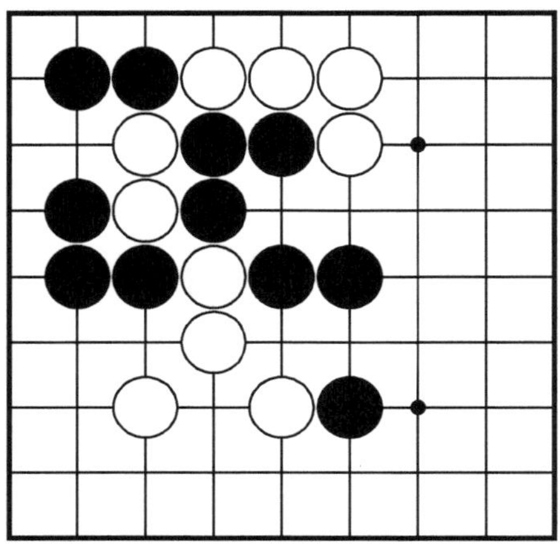

Tocca al Nero ...

... e cattura delle pietre bianche!

29

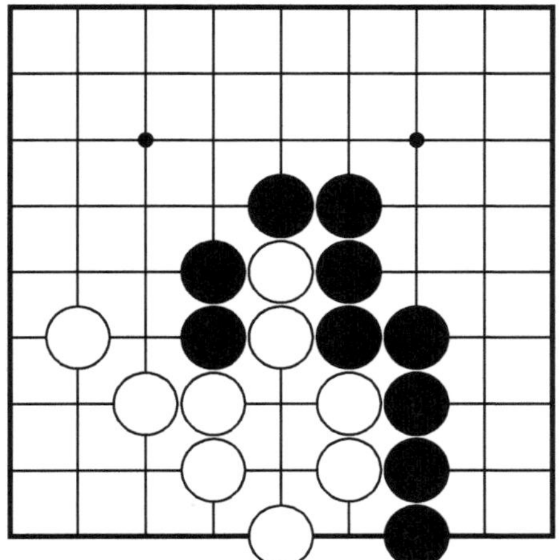

Connettere

Le pietre in Atari possono essere liberate. La connessione con altre pietre è solitamente una via d'uscita sicura, dal momento che le pietre connesse acquistano libertà.

Come potete proteggere la pietra contrassegnata dall'essere catturata?

30

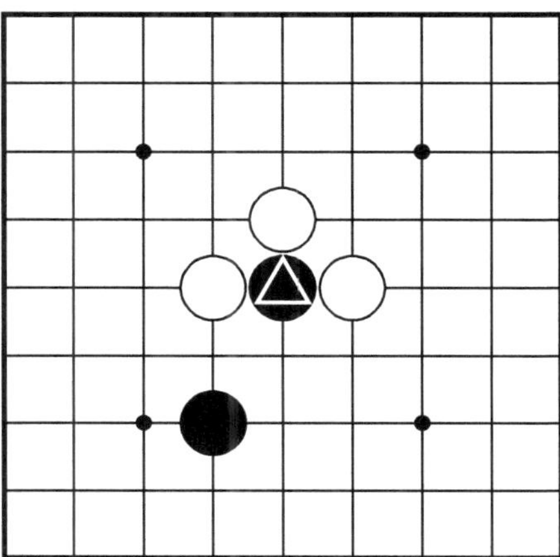

Tocca al Nero ...

... e libera la pietra contrassegnata dall'Atari!

31

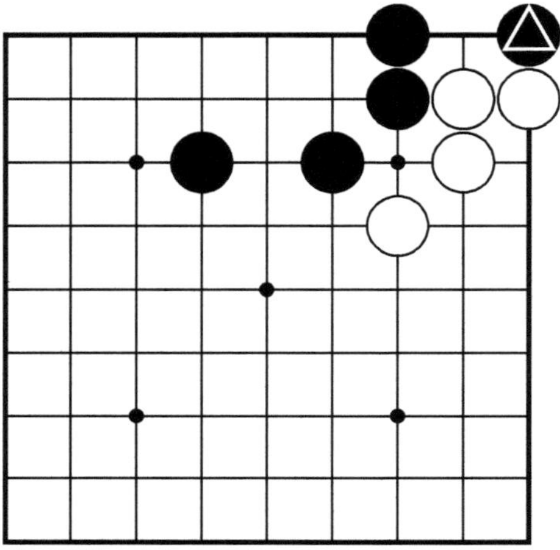

Tocca al Nero.

Due pietre nere sono in Atari. Come potete liberare le due pietre contrassegnate?

32

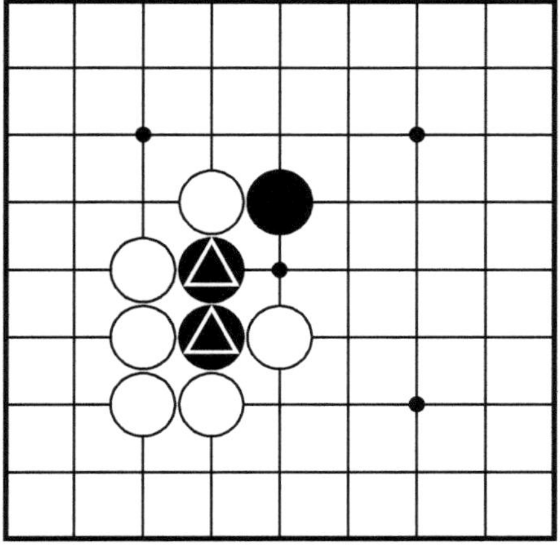

Tocca al Nero.

Una pietra nera è in Atari. Come potete liberare la pietra?

33

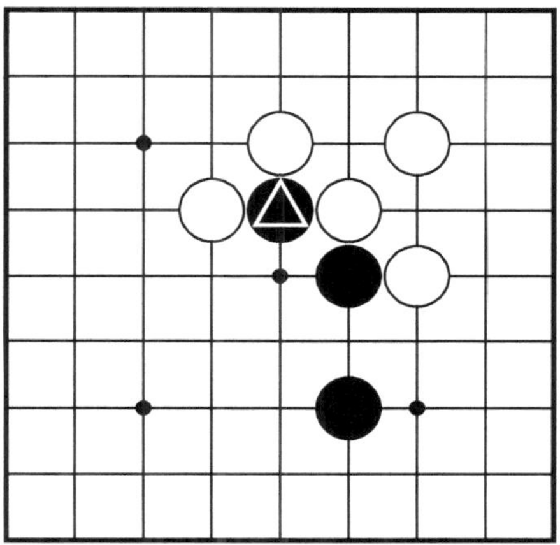

Tocca al Nero …

… e libera le pietre contrassegnate dall'Atari!

34

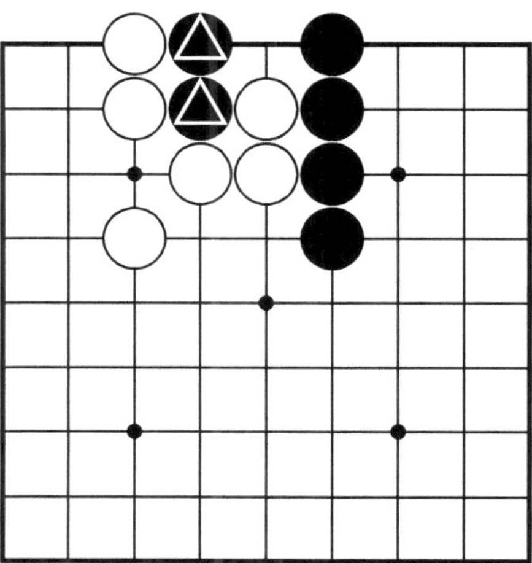

Tocca al Nero ...

... e libera le pietre contrassegnate dall'Atari!

35

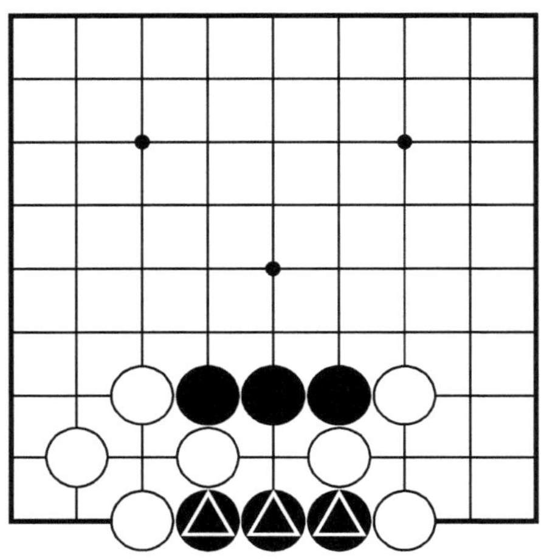

Tocca al Nero ...

... e libera le pietre contrassegnate!

36

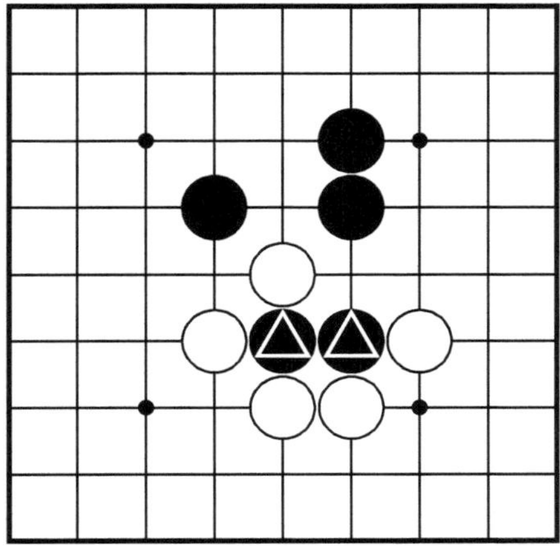

Tocca al Nero ...

... e libera le pietre contrassegnate dall'Atari!

37

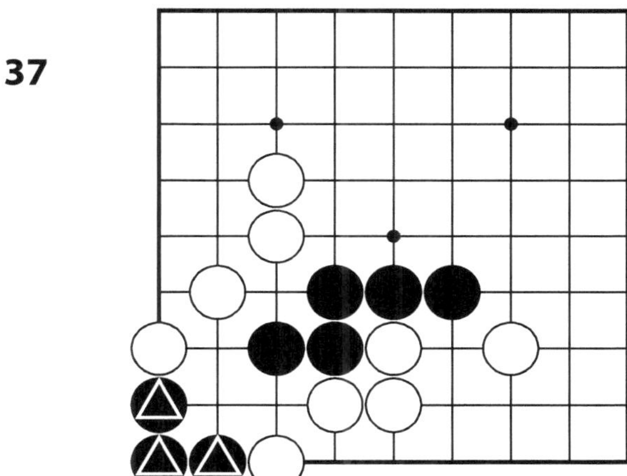

Tocca al Nero ...

... e libera le pietre contrassegnate!

38

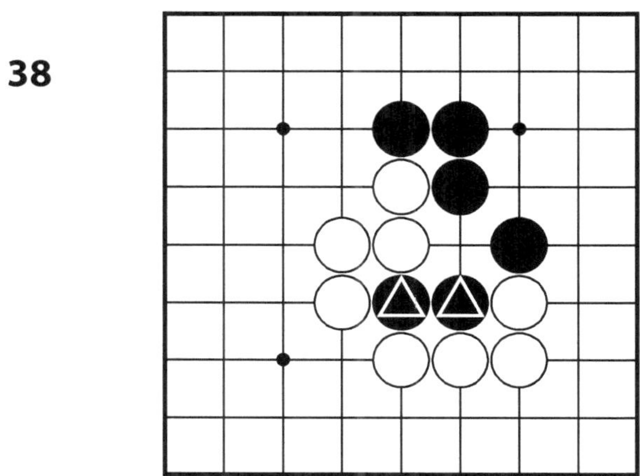

Tocca al Nero ...

... e connette le sue pietre!

39

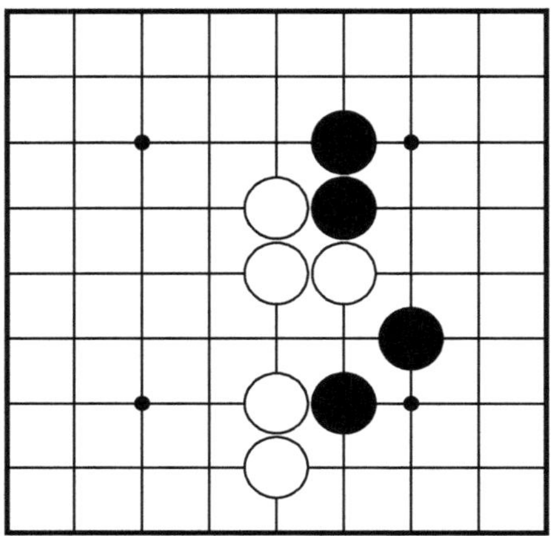

Tocca al Nero ...

... e connette le sue pietre!

40

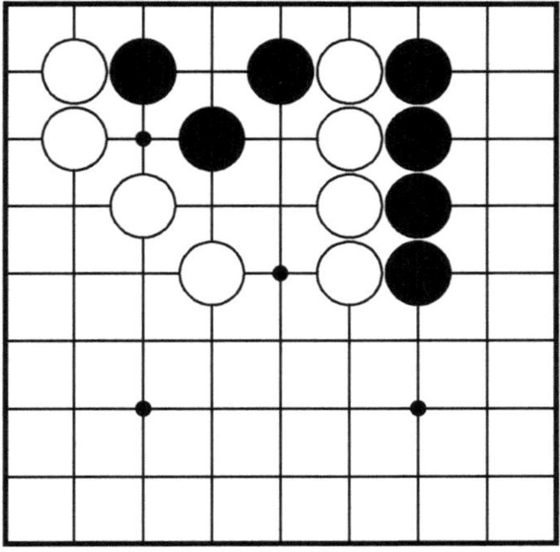

Direzione

Mettere le pietre dell'avversario in Atari non è difficile. Ma la giusta direzione è spesso decisiva, altrimenti le pietre possono scappare.

Quale Atari volete giocare, A o B?

41

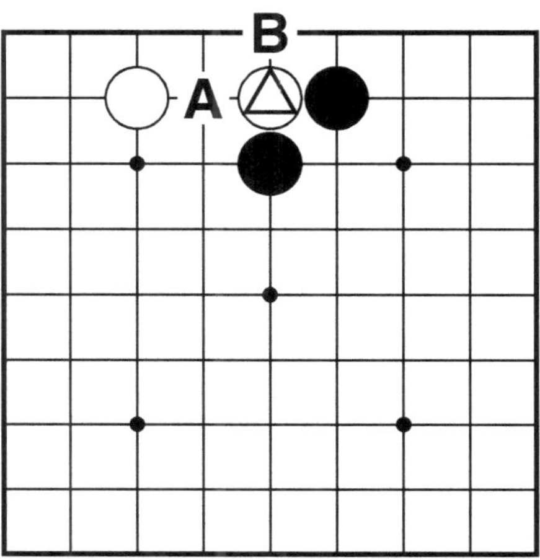

Tocca al Nero.

Quale Atari è giusto: A o B?

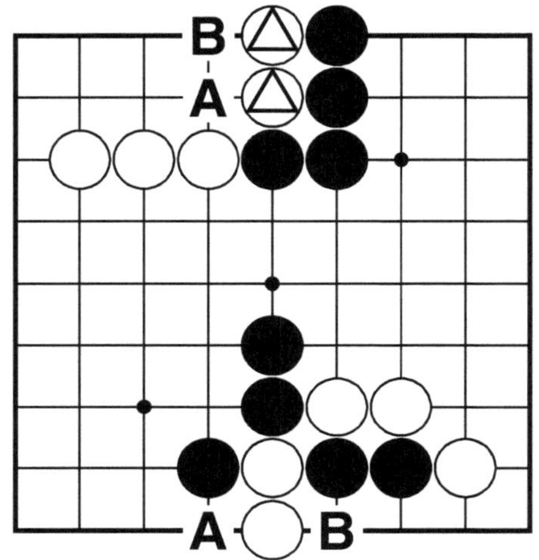

Tocca al Nero.

Quale Atari cattura tre pietre bianche: A o B?

43

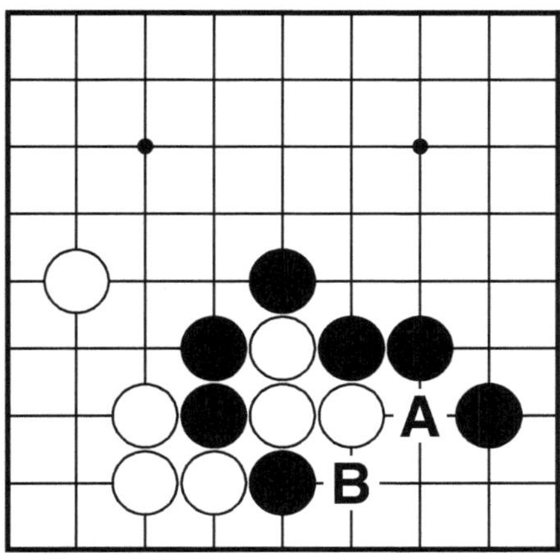

Tocca al Nero.

Quale Atari giocate: A o B?

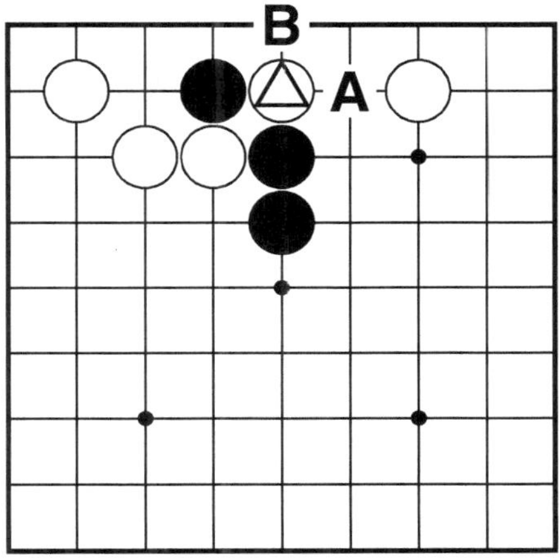

Tocca al Nero.

Quale Atari giocate: A o B?

45

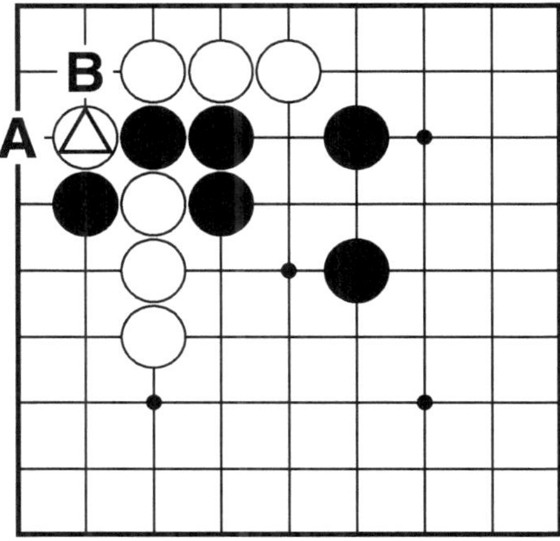

Tocca al Nero.

Quale Atari è giusto: A o B?

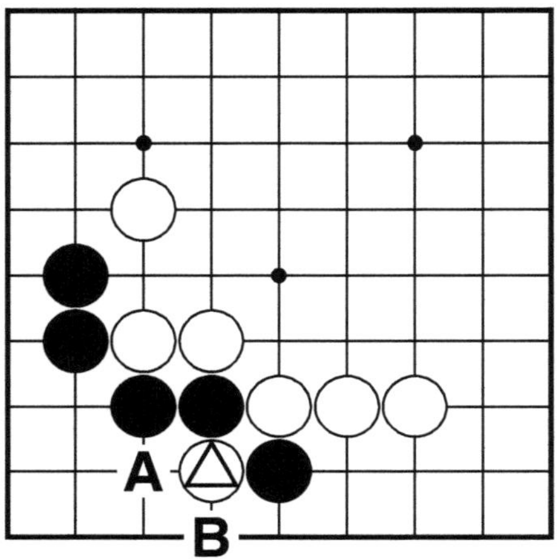

Tocca al Nero.

Quale Atari giocate: A o B?

47

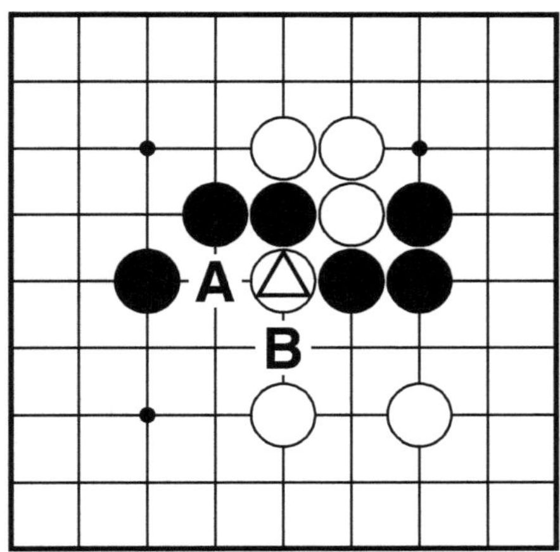

Tocca al Nero.

Quale Atari è giusto: A o B?

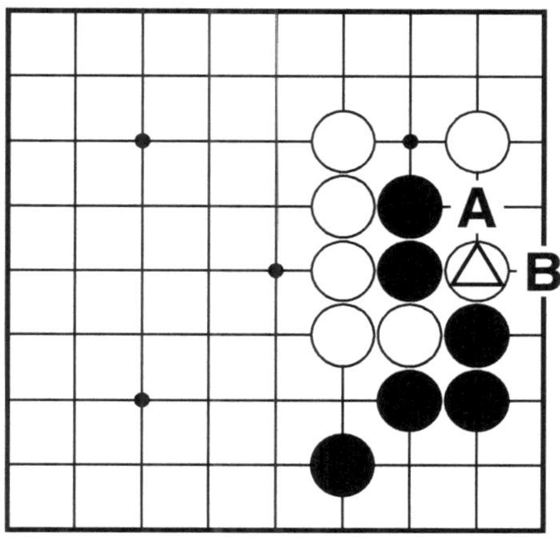

Tocca al Nero.

Quale Atari giocate: A o B?

49

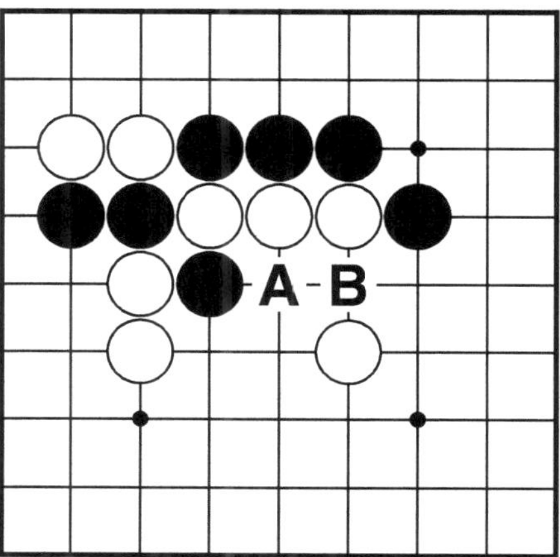

Tocca al Nero.

Quale Atari giocate: A o B?

50

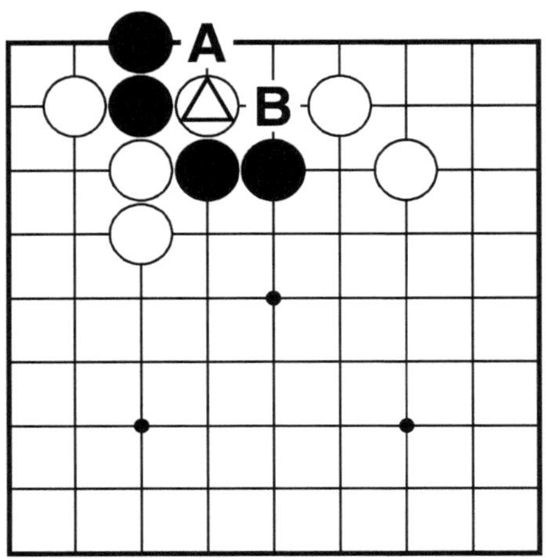

Tocca al Nero.

Quale Atari dovrebbe giocare il Nero: A o B?

51

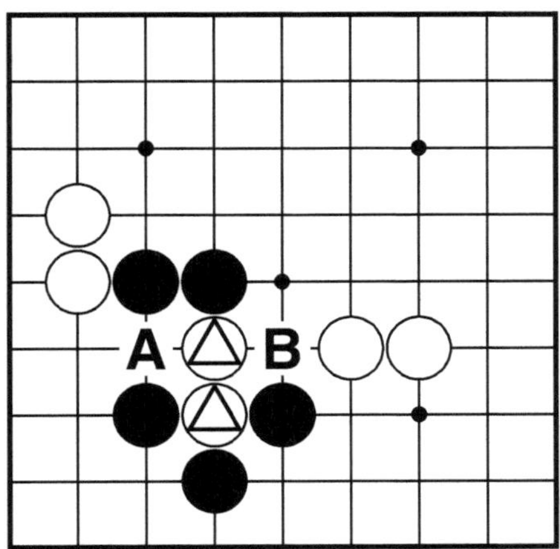

E' permesso?

Alcune mosse non sono permesse nel gioco del Go. Per esempio il suicidio è proibito. Tuttavia, la cattura evita il suicidio.

E' permessa la mossa del Nero 1?

52

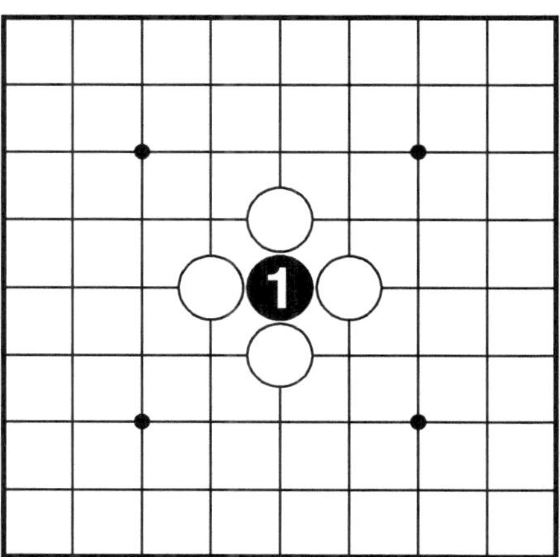

Nero.

Sono permesse queste mosse?

53

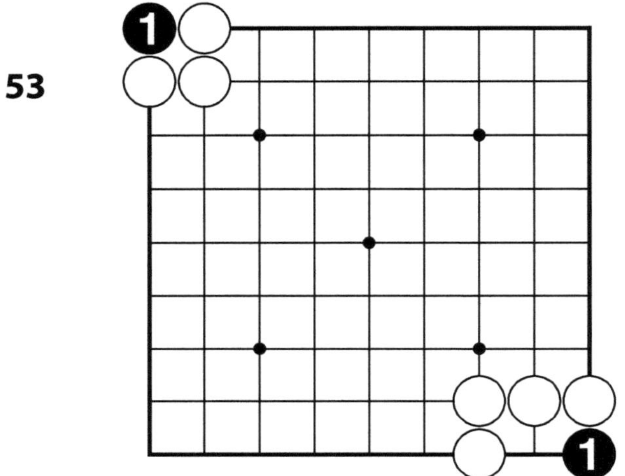

Nero.

Sono permesse queste mosse?

54

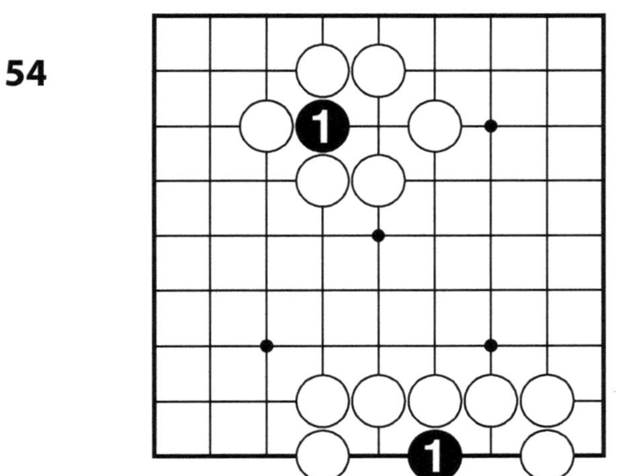

Nero.

E' permessa la mossa del Nero 1?

55

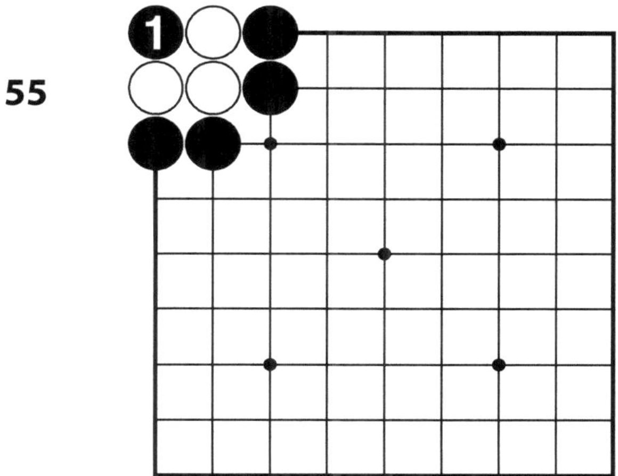

Nero.

Potete giocare la mossa 1 qui mostrata?

56

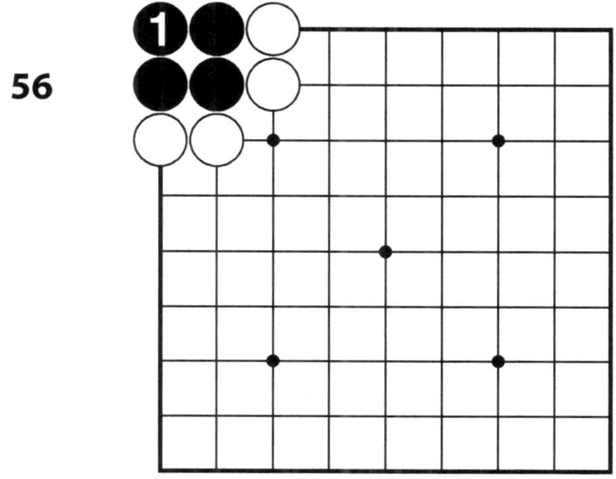

Nero.

Potete giocare la mossa 1 qui mostrata?

57

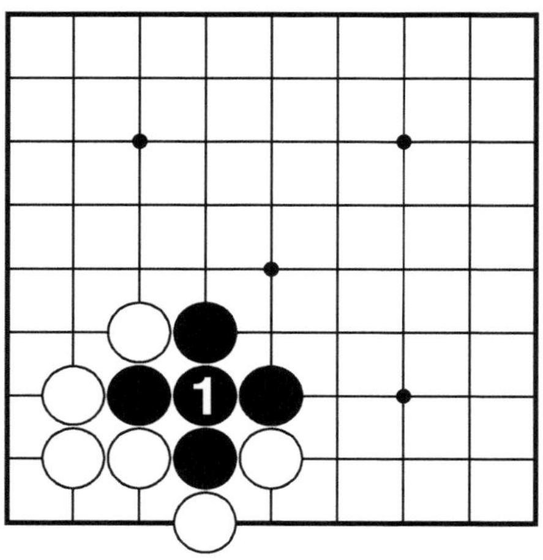

Nero.

E' permessa la mossa del Nero 1?

58

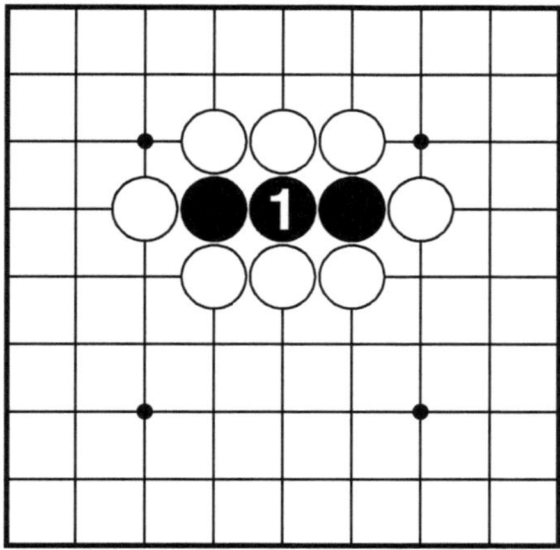

Nero.

Potete giocare la mossa 1 qui mostrata?

59

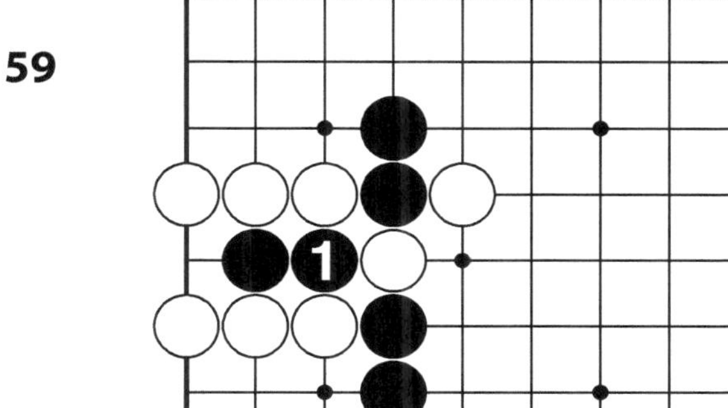

Nero.

La mossa 1 del Nero è suicidio o cattura delle pietre bianche?

60

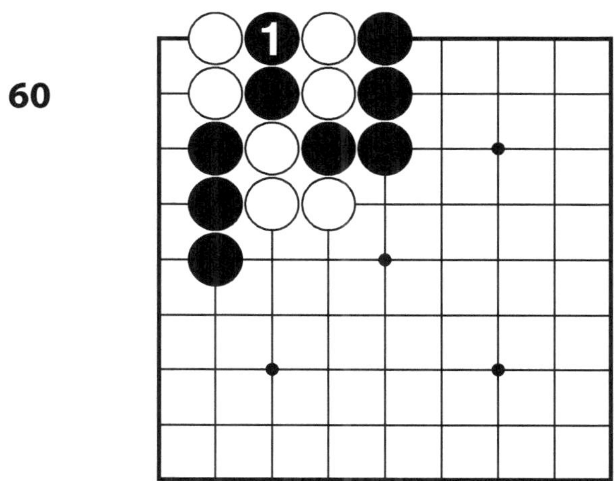

Nero.

Potete giocare la mossa 1 qui mostrata?

61

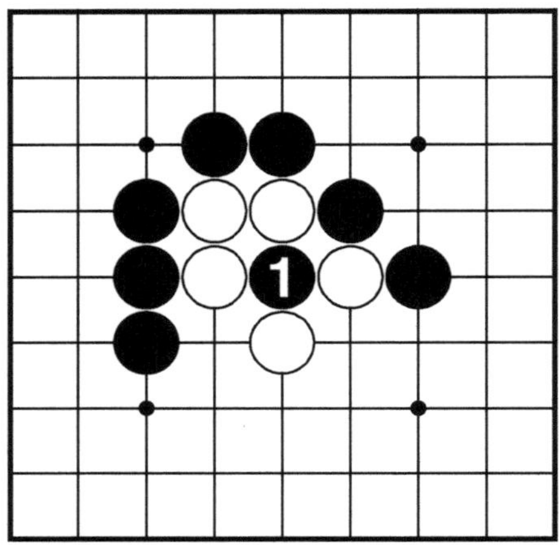

Nero.

Potete giocare la mossa 1 qui mostrata?

62

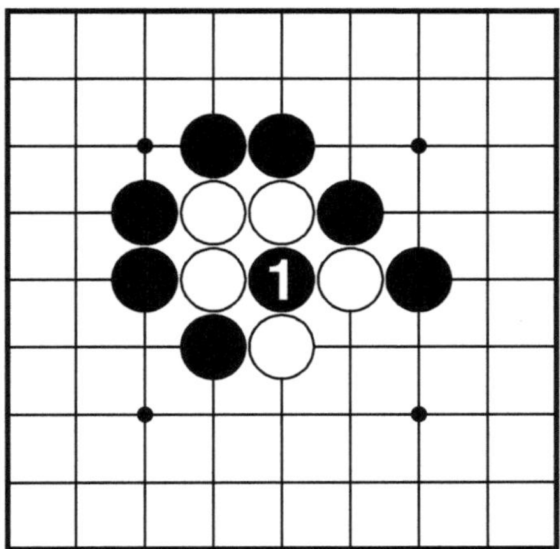

Doppio Atari

Minacciare con una mossa più pietre dell'avversario che lui non può difendere contemporaneamente è un bel successo. Queste mosse vengono chiamate "Doppio Atari".

Quale Atari dovreste giocare? A, B o C?

63

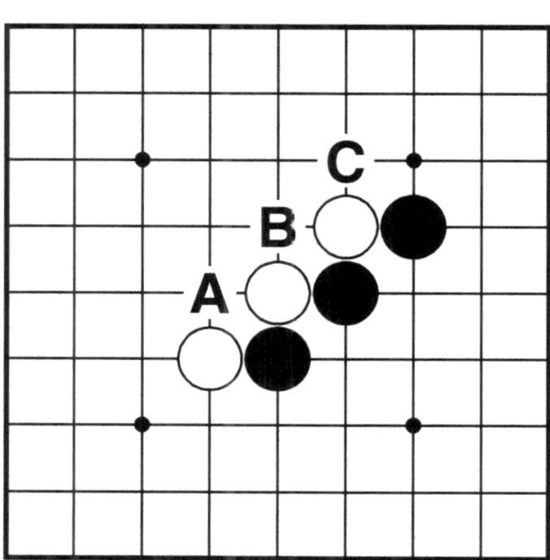

Tocca al Nero ...

... e gioca un doppio Atari!

64

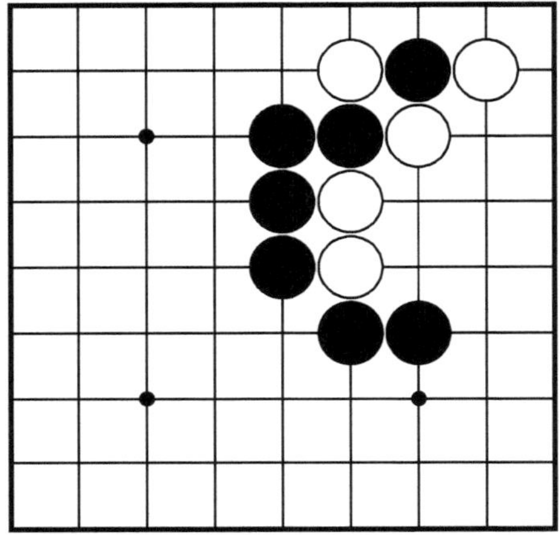

Tocca al Nero.

Dove dovete giocare per minacciare contemporaneamente più pietre avversarie?

65

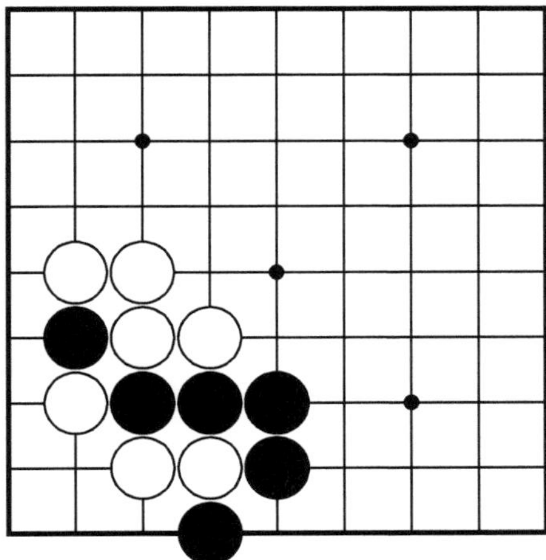

Tocca al Nero ...

... e gioca un doppio Atari!

66

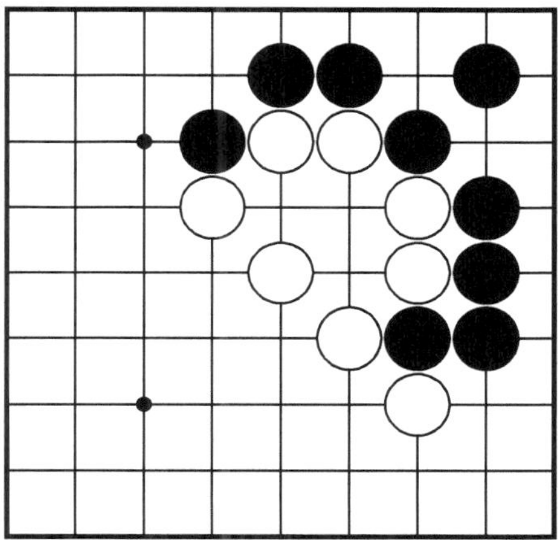

Tocca al Nero.

Dove dovete giocare per minacciare contemporaneamente più pietre avversarie?

67

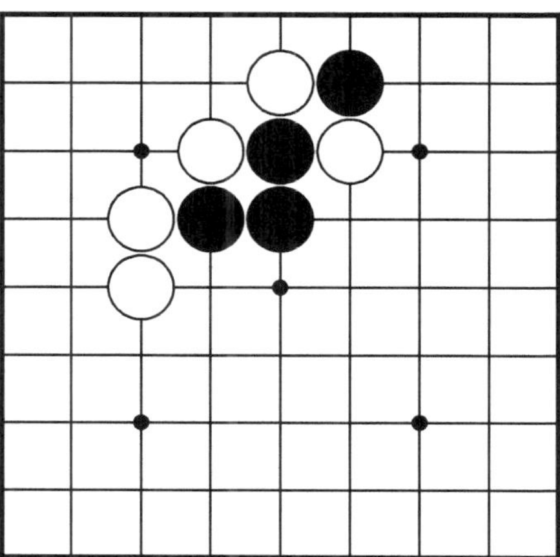

Tocca al Nero.

Come potete minacciare più pietre avversarie contemporaneamente?

68

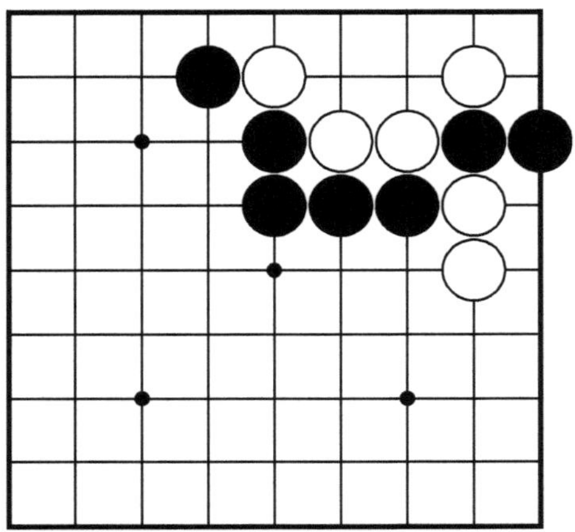

Tocca al Nero ...

... e gioca un doppio Atari!

69

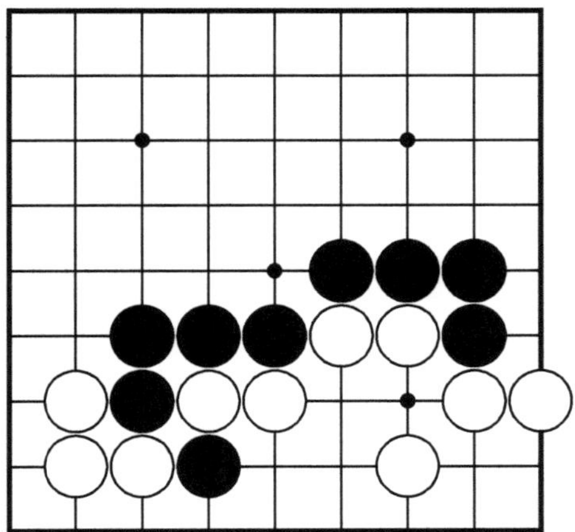

Tocca al Nero ...

... e gioca un doppio Atari!

70

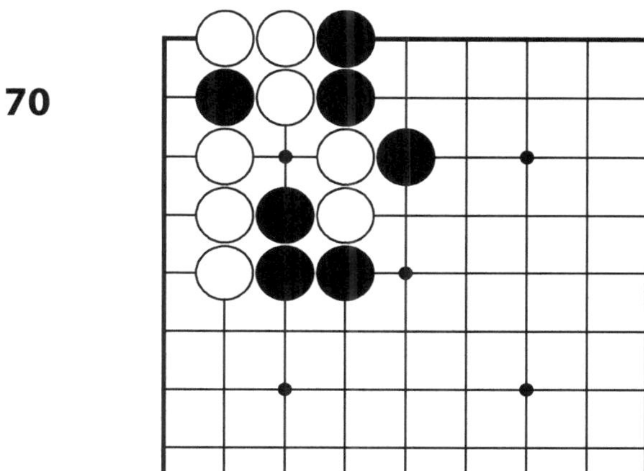

Tocca al Nero.

Dove dovete giocare per minacciare contemporaneamente più pietre avversarie?

71

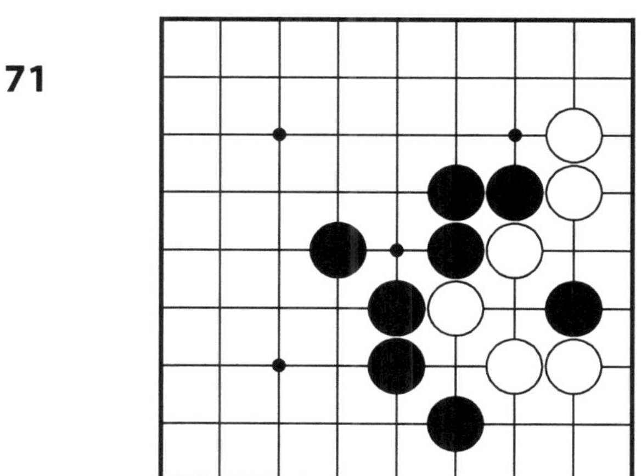

Tocca al Nero ...

... e gioca un doppio Atari!

72

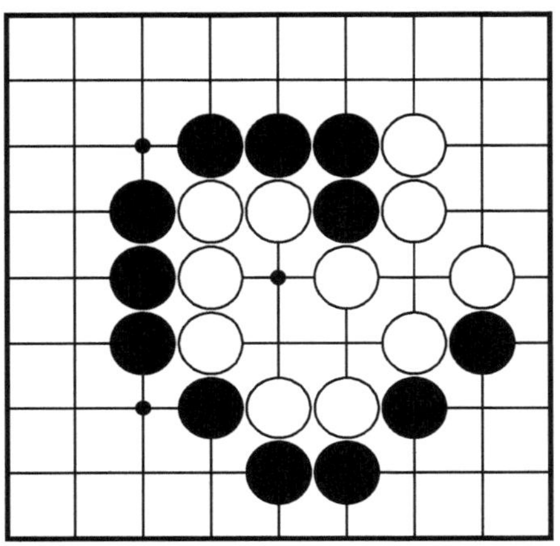

Tocca al Nero.

Come potete minacciare più pietre avversarie contemporaneamente?

73

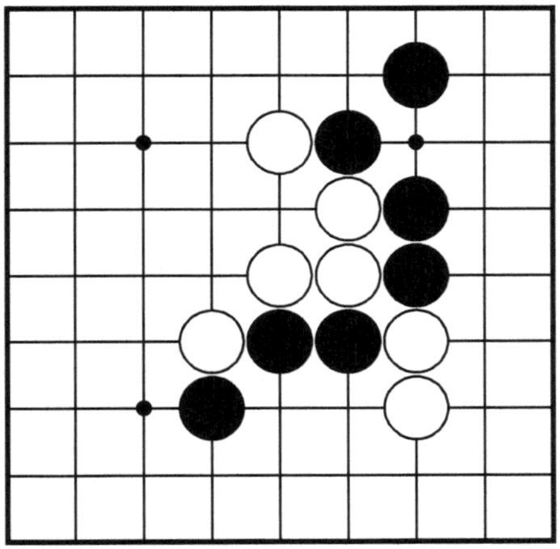

Separare

Visto che connettere le proprie pietre è bene, non può essere male separare le pietre dell'avversario.

Quale punto connette le pietre nere e allo stesso tempo separa quelle bianche?

74

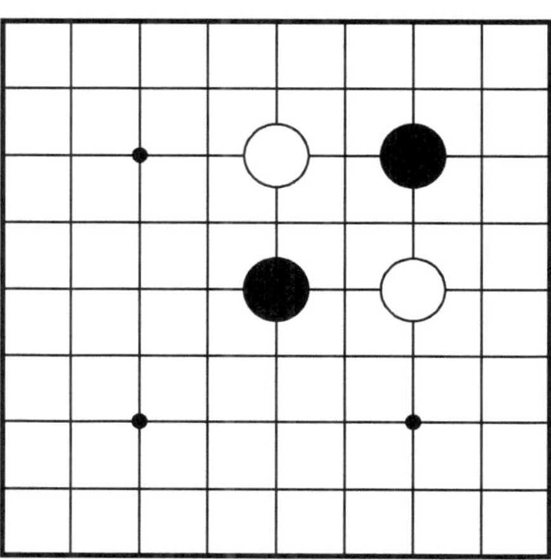

Tocca al Nero ...

... e separa le pietre bianche!

75

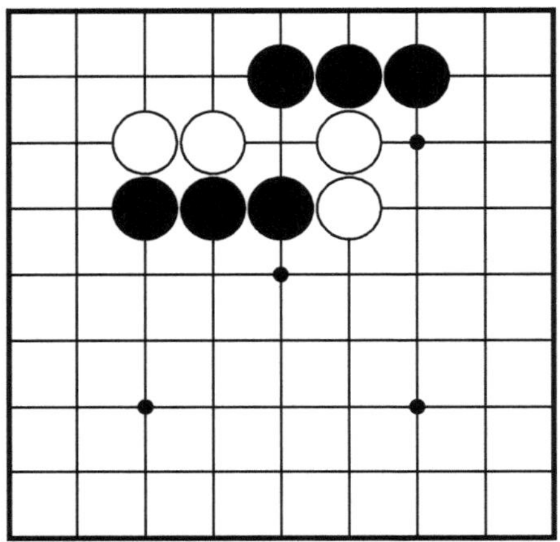

Tocca al Nero.

Dove dovete giocare per separare le pietre bianche?

76

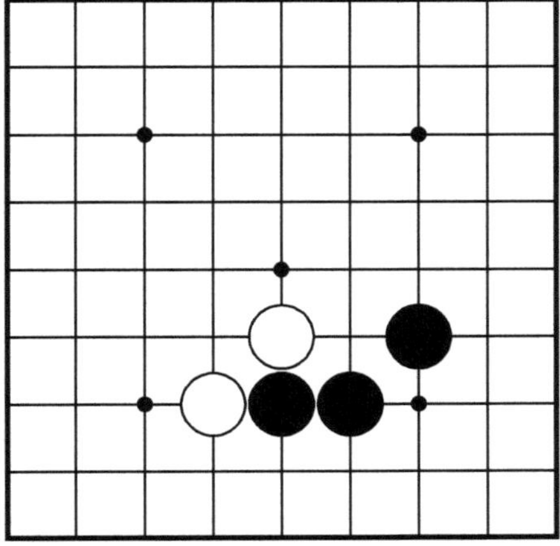

Tocca al Nero ...

... e separa le pietre bianche!

77

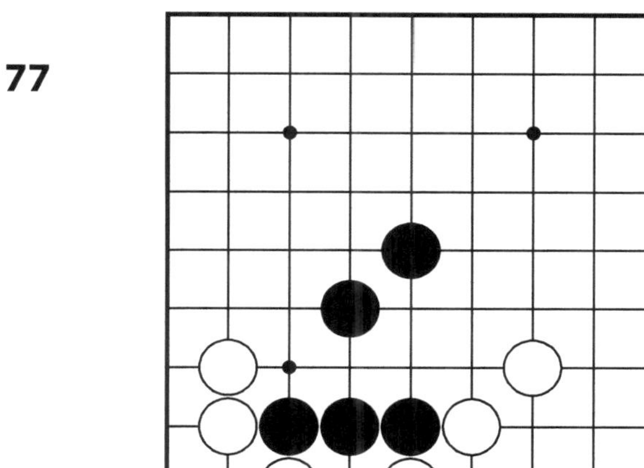

Tocca al Nero.

Dove dovete giocare per separare le pietre bianche?

78

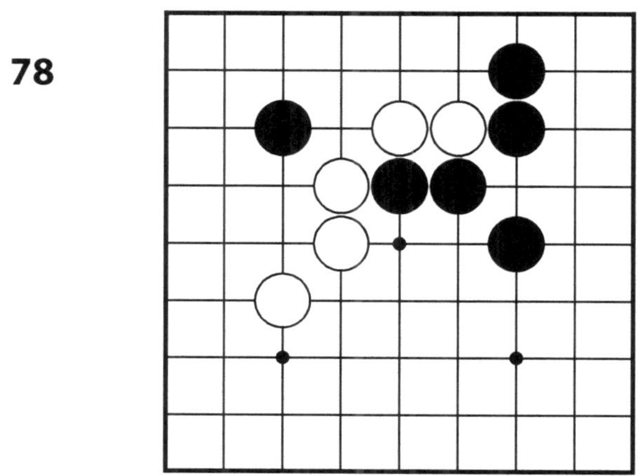

Tocca al Nero.

Dove dovete giocare per separare le pietre bianche?

79

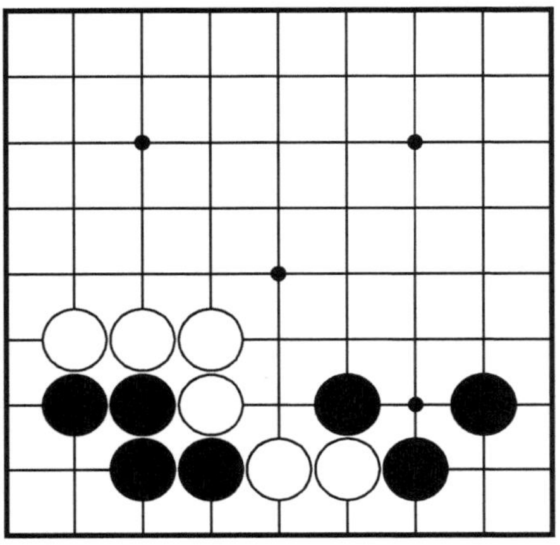

Tocca al Nero ...

... e separa le pietre bianche!

80

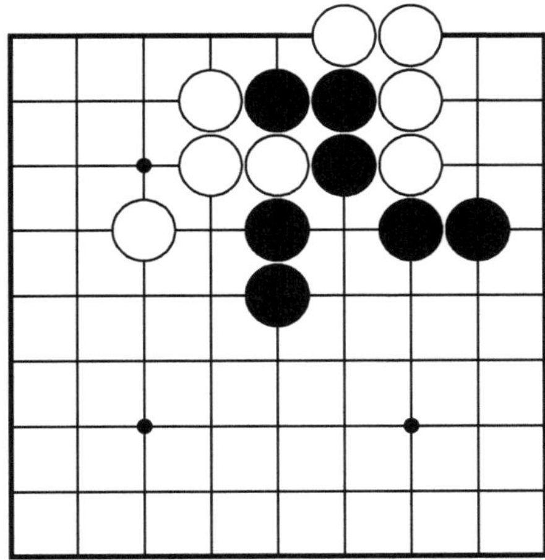

Tocca al Nero ...

... e separa le pietre bianche!

81

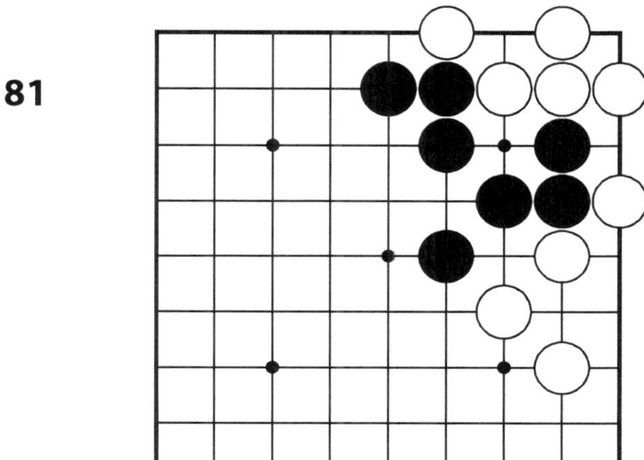

Tocca al Nero.

Dove dovete giocare per separare le pietre bianche?

82

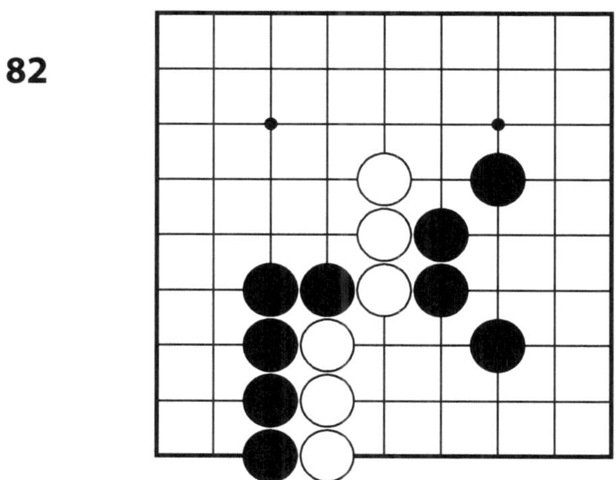

Tocca al Nero.

Questo è l'inizio di una partita. Come potete dividere le pietre bianche?

83

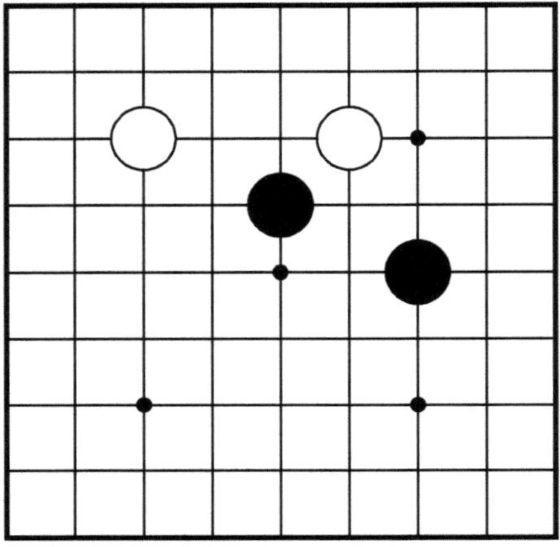

Tocca al Nero.

Dove dovete giocare per separare le pietre bianche?

84

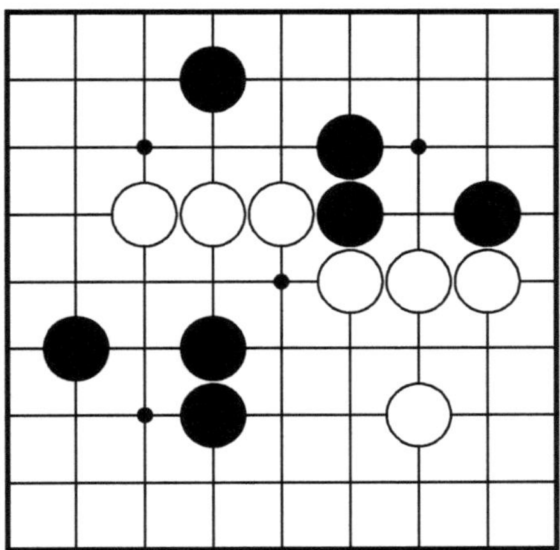

Vita

Le pietre vengono circondate e non possono più scappare. Adesso dovete costruire una posizione sicura: dovete vivere.

Come potete assicurare la vostra posizione del Nero?

85

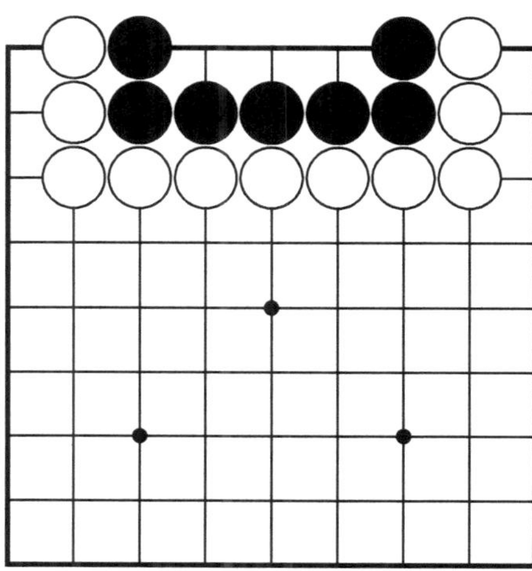

Tocca al Nero ...

... e assicura la vita delle pietre agli angoli!

86

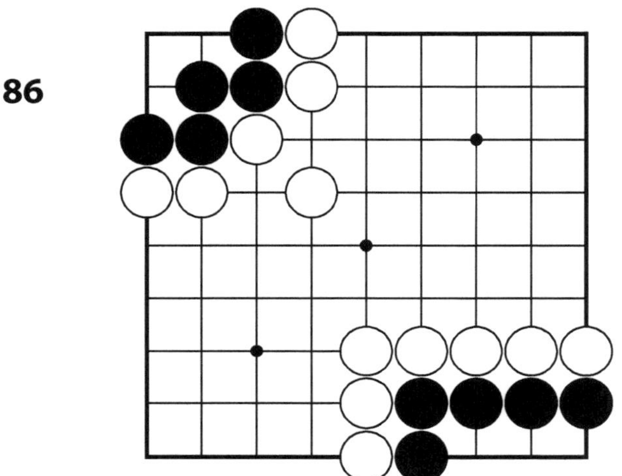

Tocca al Nero.

Con quale mossa potete assicurare le vostre posizioni?

87

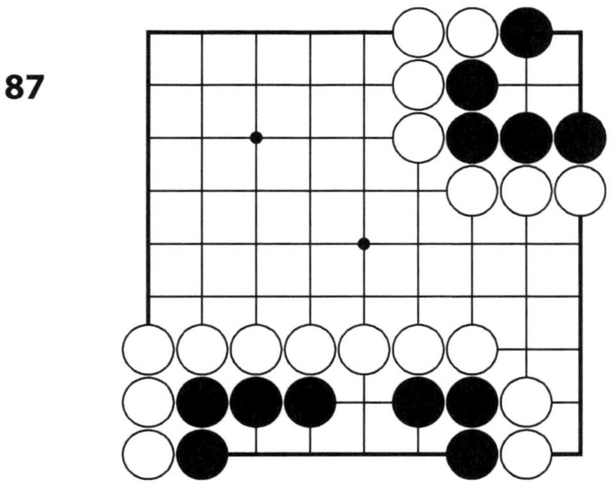

Tocca al Nero.

Come assicurate la vita delle vostre pietre?

88

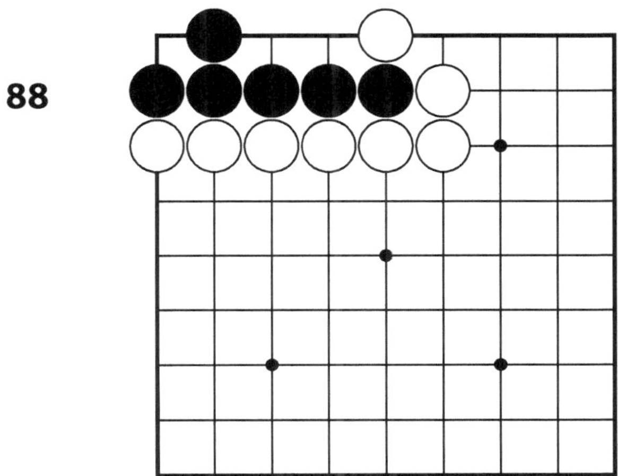

Tocca al Nero ...

... e assicura la vita delle pietre!

89

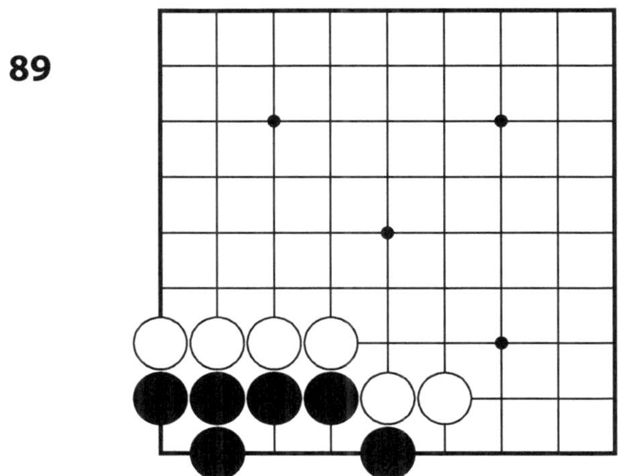

Tocca al Nero.

Con quale mossa potete assicurare le vostre posizioni?

90

Tocca al Nero.

Con quale mossa potete assicurare le vostre posizioni?

91

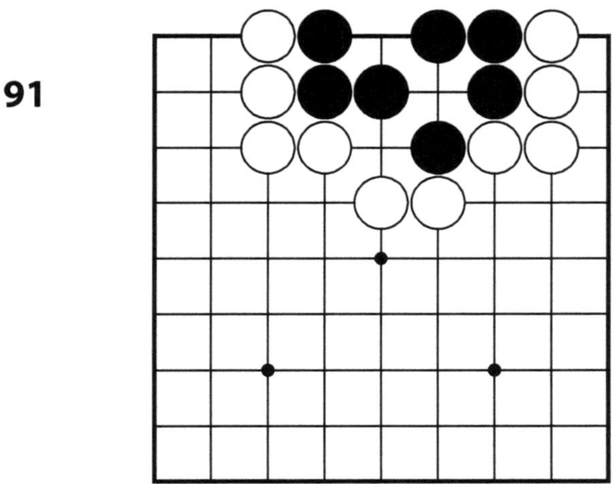

Tocca al Nero ...

... e assicura la vita delle pietre!

92

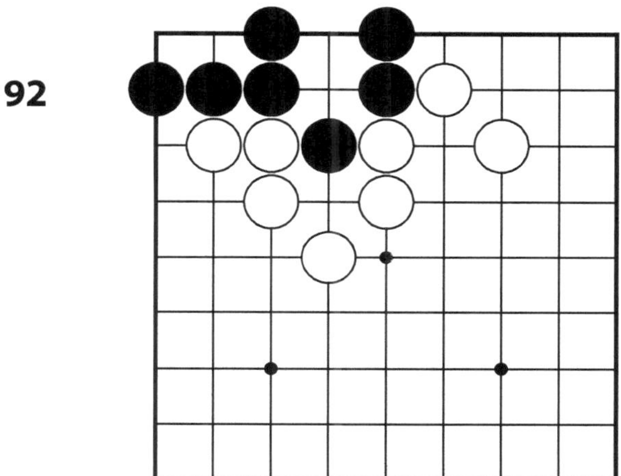

Tocca al Nero ...

... e assicura la vita delle pietre!

93

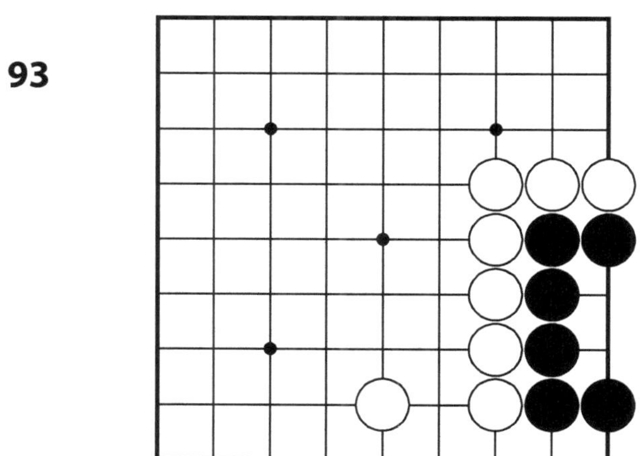

Tocca al Nero ...

... e assicura la vita delle pietre!

94

Tocca al Nero.

Con quale mossa dovete assicurare la vostra posizione?

95

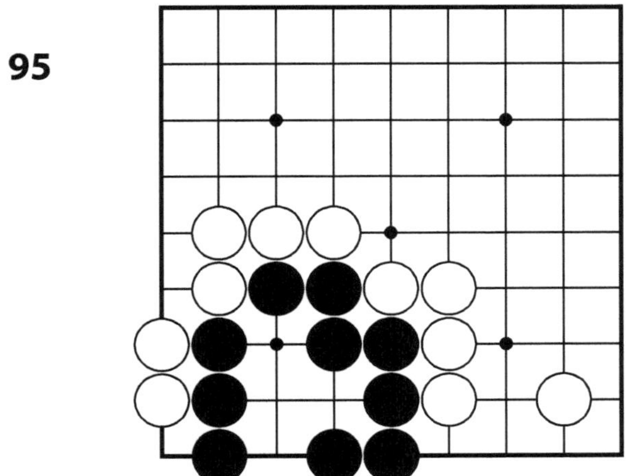

Morte

Le pietre circondate che l'avversario non ha difeso in tempo possono essere uccise. Trovate nei prossimi esercizi i punti vitali!

Quale mossa uccide la posizione del Bianco?

96

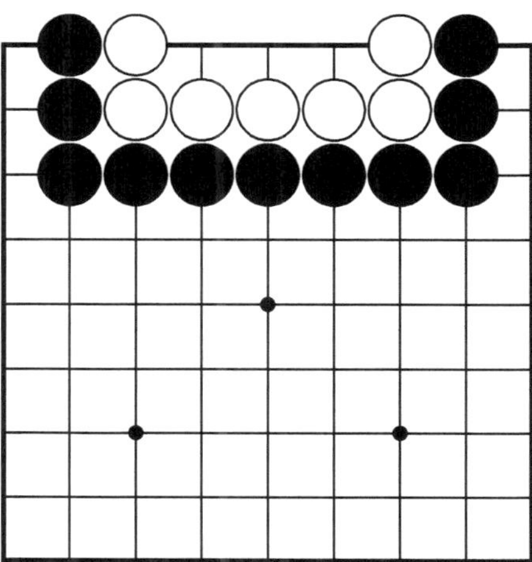

Tocca al Nero.

Quali sono i punti vitali di entrambe le posizioni bianche?

97

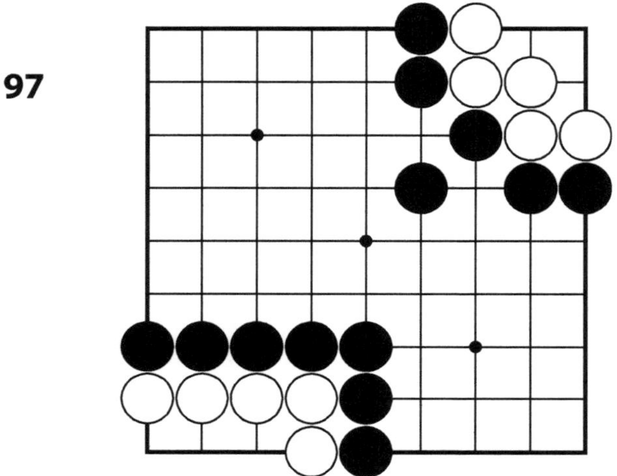

Tocca al Nero.

Come potete uccidere le pietre bianche?

98

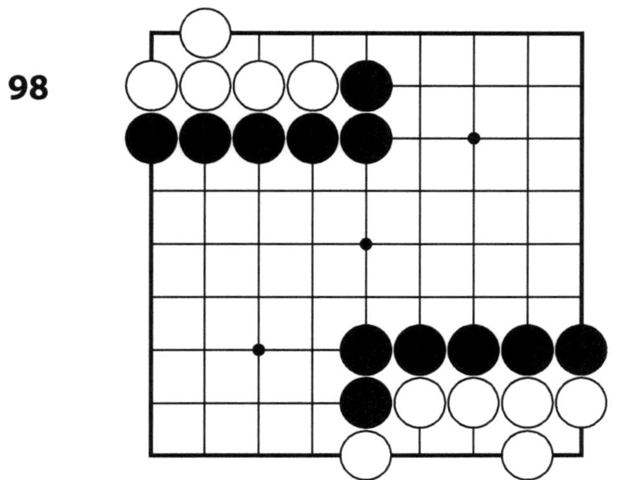

Tocca al Nero ...

... e uccide le pietre bianche!

99

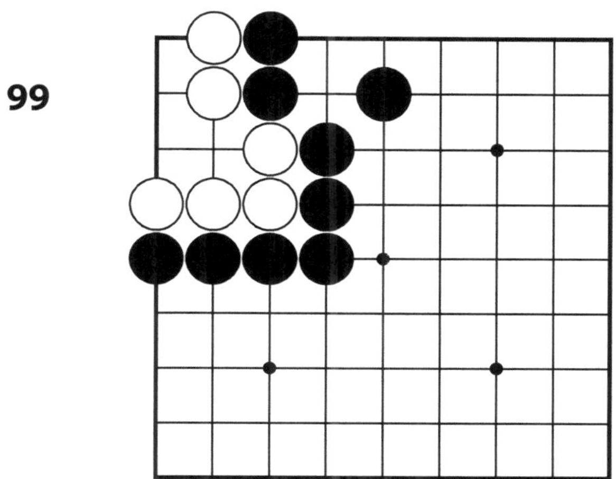

Tocca al Nero ...

... e occupa il punto debole della posizione bianca!

100

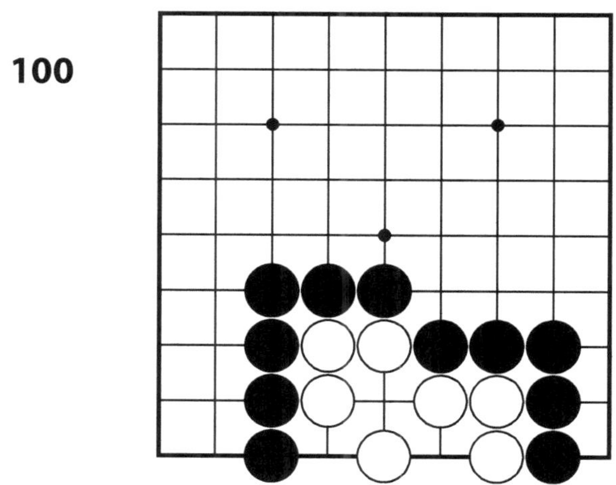

Tocca al Nero ...

... e uccide le pietre bianche!

101

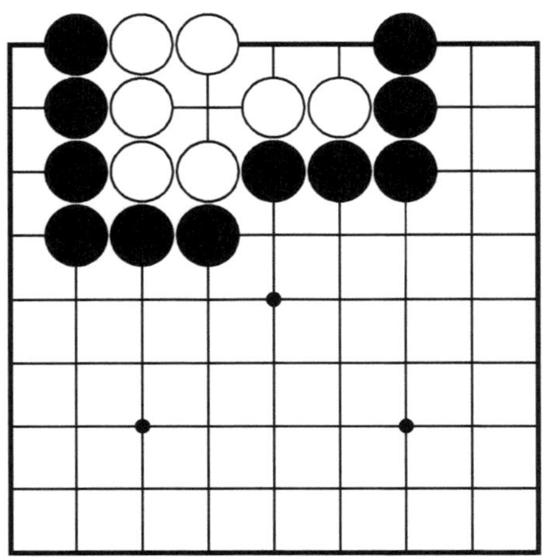

Tocca al Nero ...

... e occupa il punto debole della posizione bianca!

102

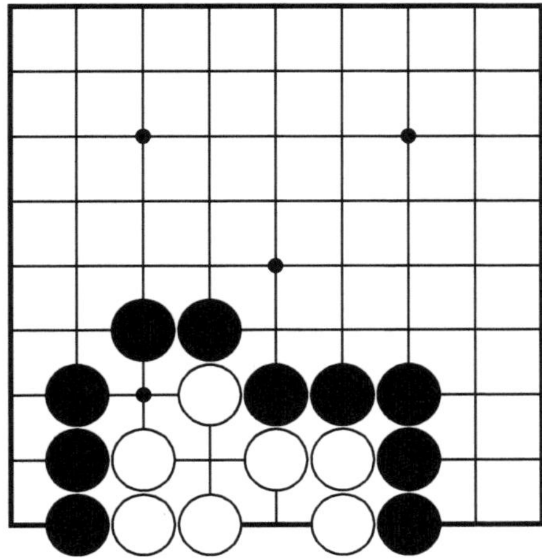

Tocca al Nero.

Come potete sfruttare la singola pietra per uccidere il gruppo bianco?

103

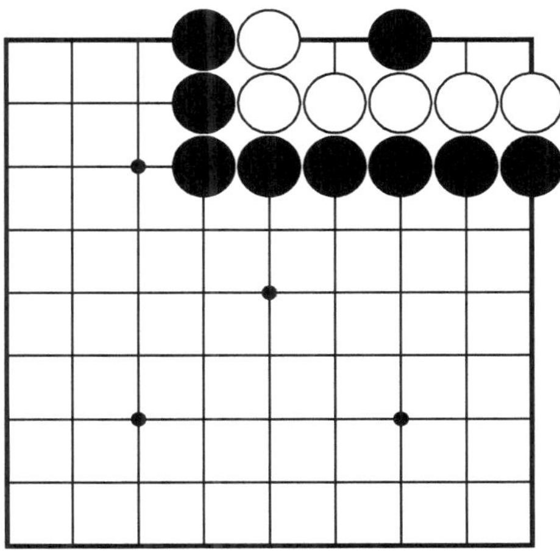

Tocca al Nero ...

... e uccide le pietre bianche!

104

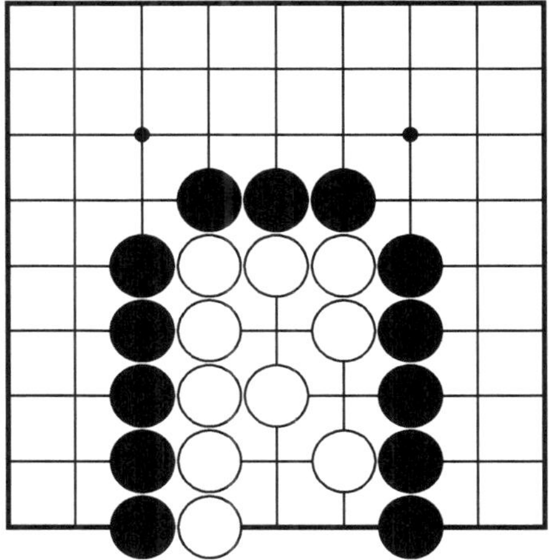

Tocca al Nero.

Come potete uccidere tutte le pietre bianche?

105

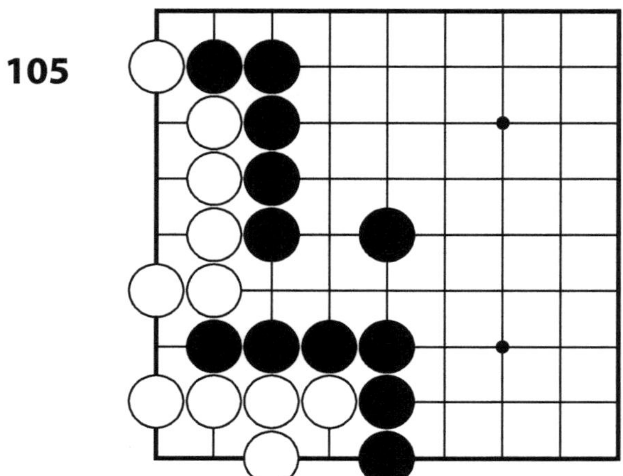

Tocca al Nero.

Qual è il punto vitale nella posizione bianca?

106

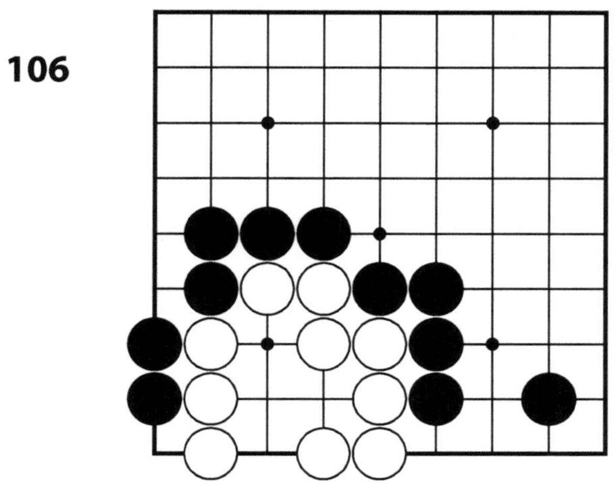

Ko

La regola del Ko dice: una singola pietra che ha appena catturato una pietra avversaria non può essere ricatturata immediatamente.

Il Bianco ha catturato con la pietra contrassegnata una pietra in A. Il Nero adesso non può subito ricatturare in A.

107

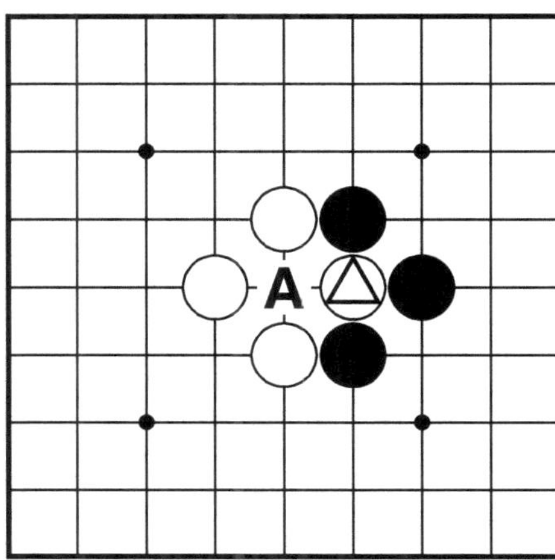

Tocca al Nero.

Nero 1 e Bianco 2 preparano un Ko.
Potete adesso catturare una pietra?

108

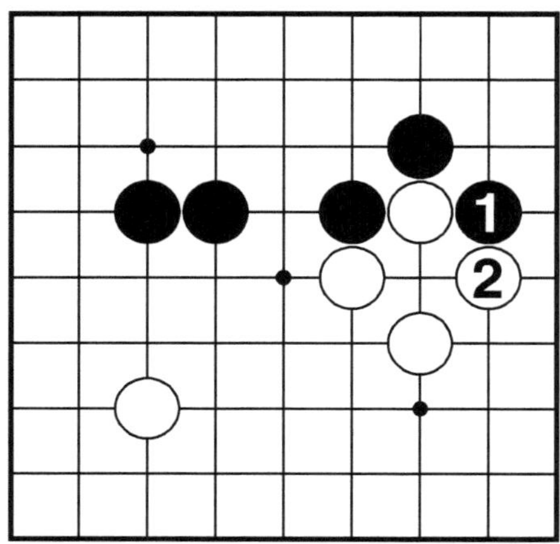

Tocca al Nero.

Nero 1 e Bianco 2 preparano un Ko.
Dove potete catturare una pietra?

109

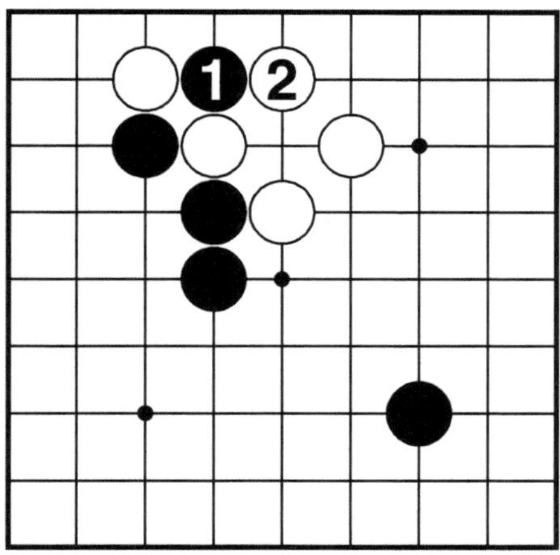

Tocca al Nero.

Bianco 1 mette due pietre nere in Atari.
Come potete difendervi?

110

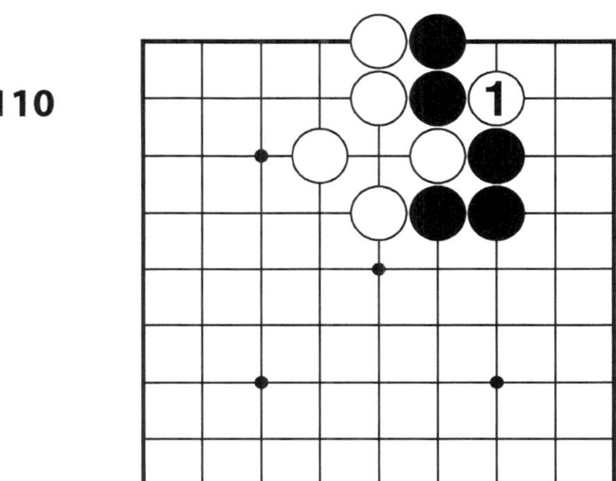

Tocca al Nero.

Bianco 1 mette in Atari le pietre contrassegnate.
Come dovete giocare, se volete liberare queste pietre?

111

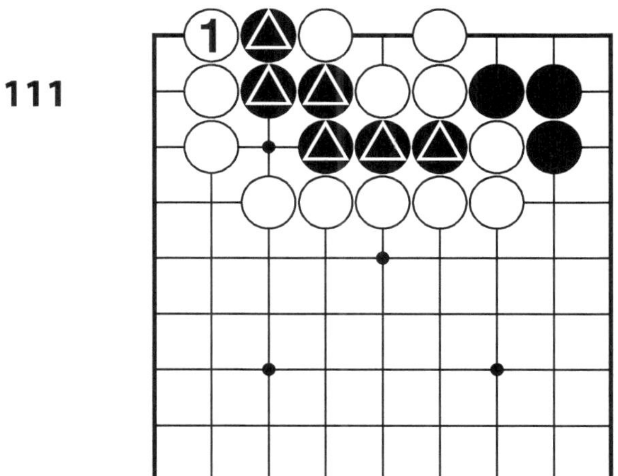

Tocca al Nero.

Il Bianco cattura con 1 una pietra nera.
Come dovete rispondere?

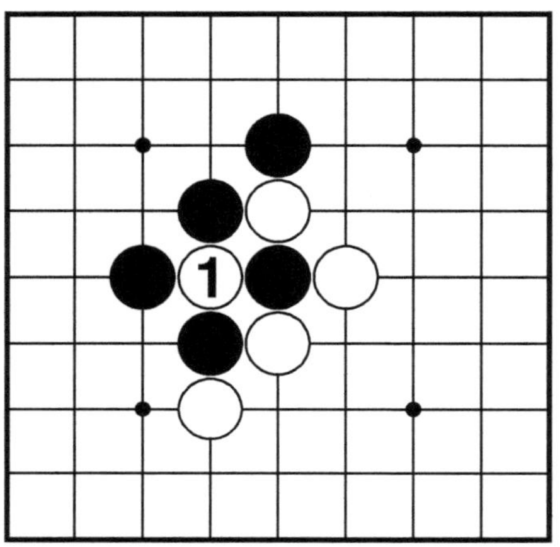

Tocca al Nero.

Dove dovete giocare in questa posizione?

113

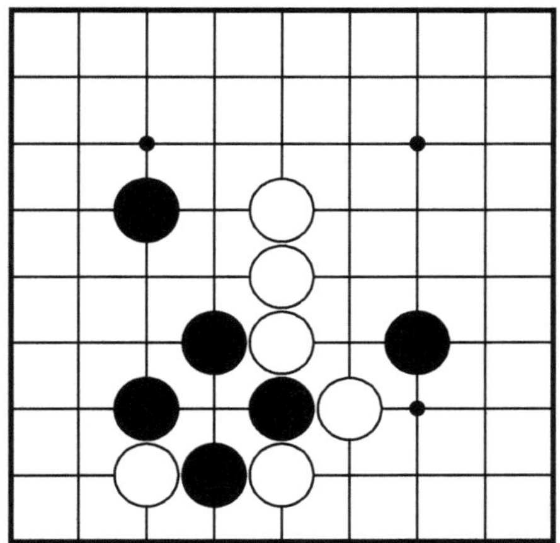

Tocca al Nero.

Il Bianco ha giocato la pietra contrassegnata.
Come rispondete?

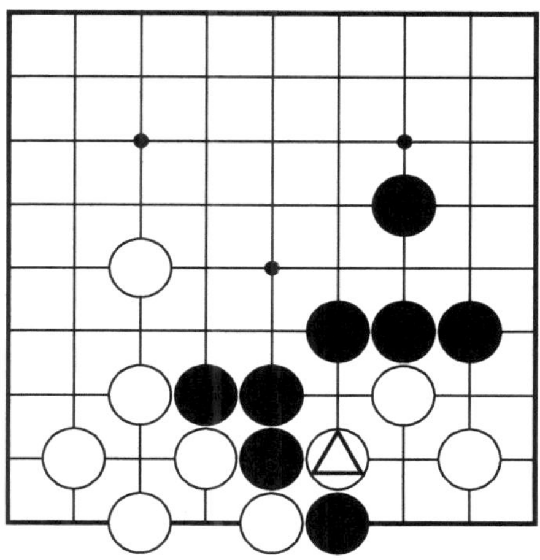

Tocca al Nero.

Il Bianco ha giocato la pietra contrassegnata e minaccia di catturare tre pietre nere. Come rispondete?

115

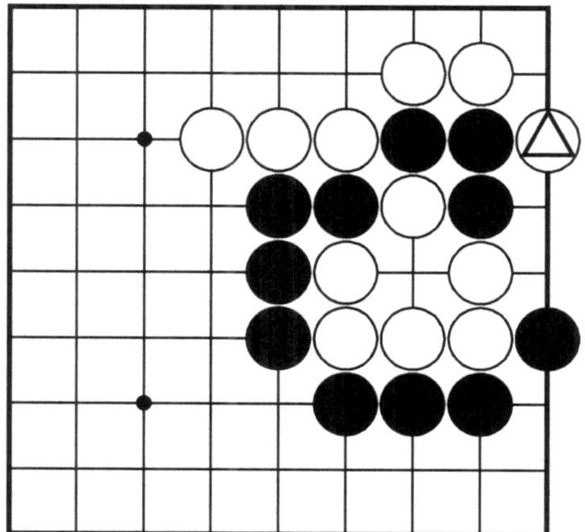

Tocca al Nero.

Il Bianco cattura con 1 due pietre nere.
E' permesso alla fine catturare la pietra 1?

116

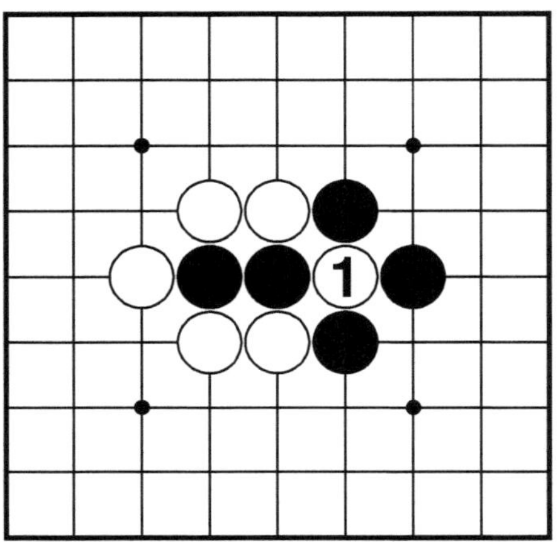

Tocca al Nero ...

... e inizia un Ko!

117

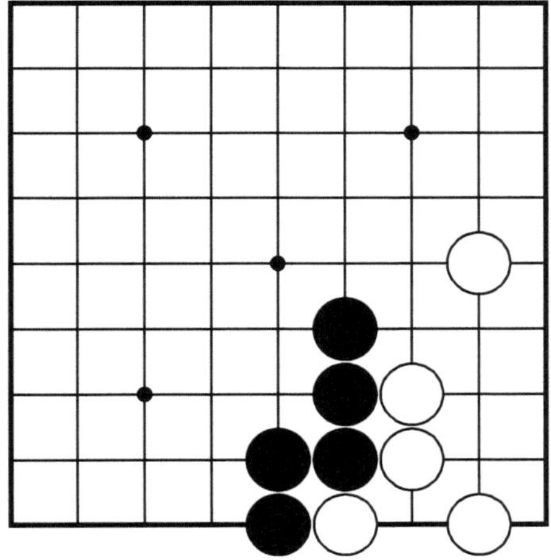

Occhi

Sono necessari due occhi per vivere. Ma solo due occhi veri garantiscono la vita. Per questo è importante riconoscere in tempo gli occhi falsi.

Bianco 1 mette una pietra in Atari e Nero copre. Questo punto non era quindi un occhio vero.

118

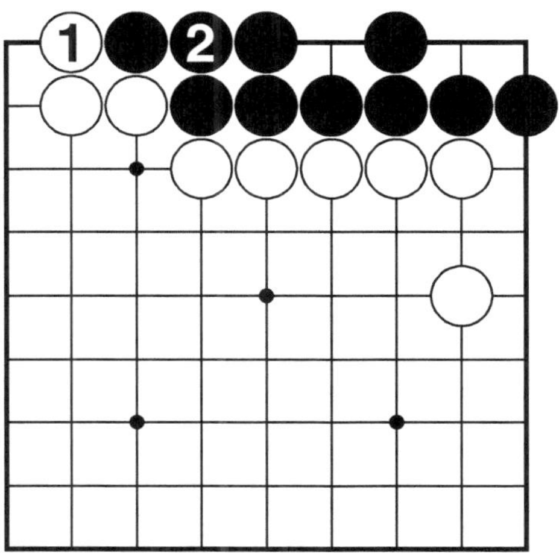

Nero.

Il punto A è un occhio vero?

119

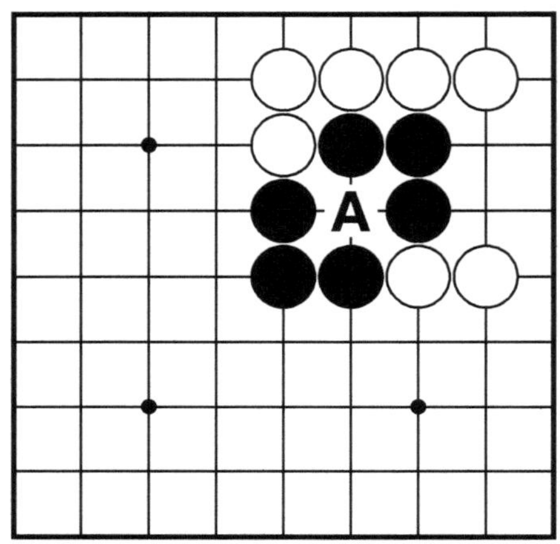

Nero.

Il punto A è un occhio vero? La sua posizione nell'angolo può vivere?

120

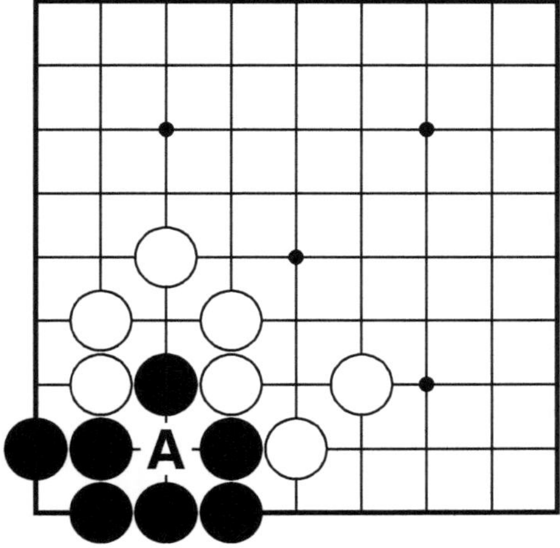

Tocca al Nero.

Come potete creare un occhio falso nella posizione bianca?

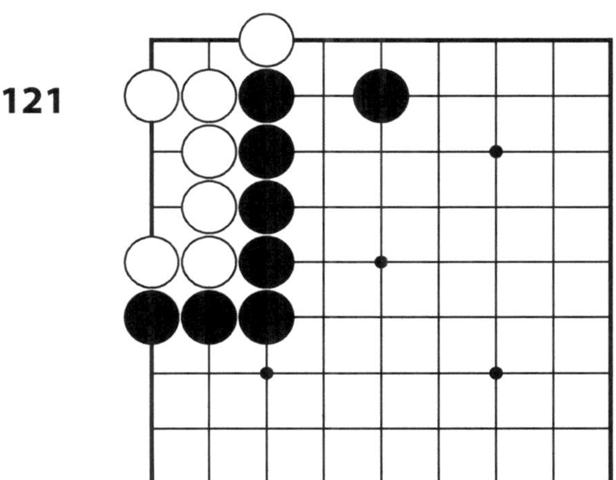

Tocca al Nero ...

... e fa un secondo occhio vero!

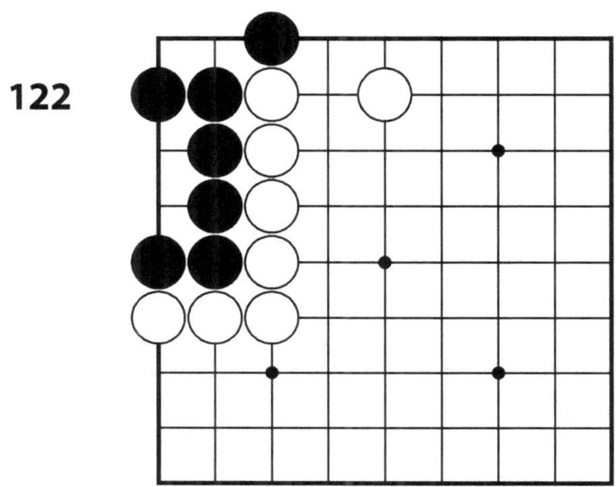

Nero.

Dove ha la posizione nera occhi veri e occhi falsi?

123

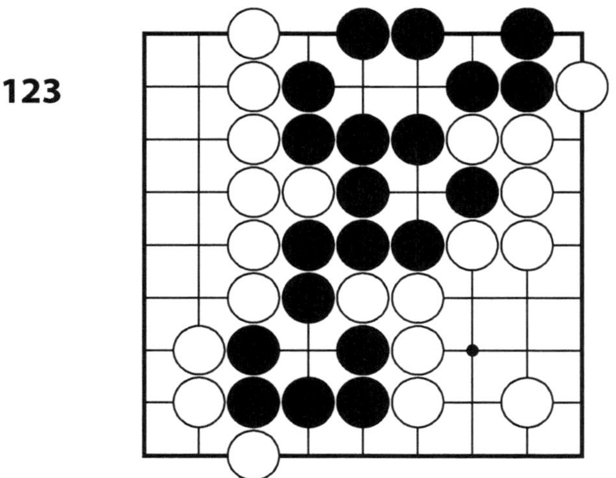

Nero.

Quali punti sono occhi veri e quali sono occhi falsi?

124

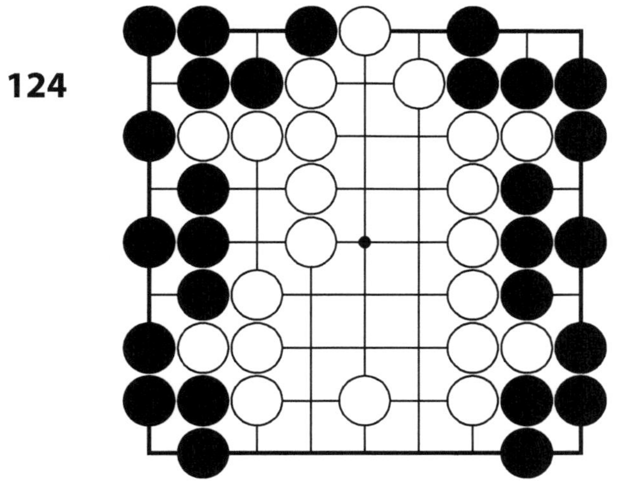

Fine della partita

Alla fine della partita bisogna contare i punti. Ogni intersezione libera catturata da un colore vale un punto. Se non altrimenti dichiarato, non c'è nessuna pietra catturata e nessun Komi*.

Quanti punti avete? Chi ha vinto?

125

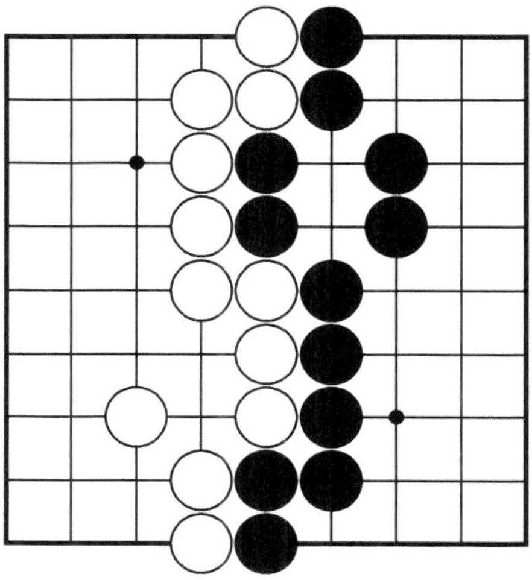

* I Komi sono i punti di compensazione che il Bianco riceve a fronte del vantaggio iniziale del Nero.

Nero.

Contate i punti. Chi ha vinto?

126

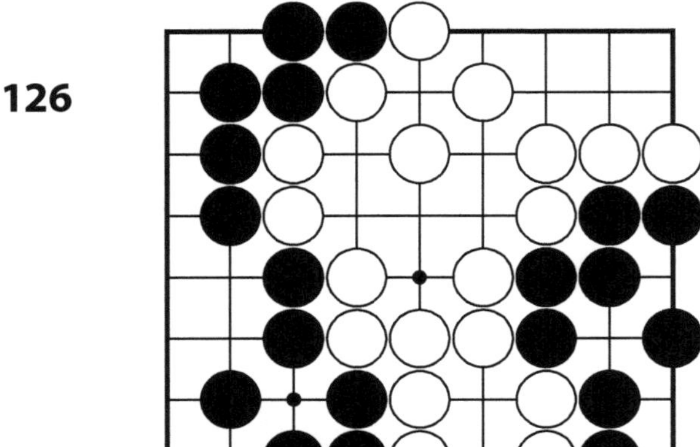

Nero.

Contate i punti. Chi ha vinto?

127

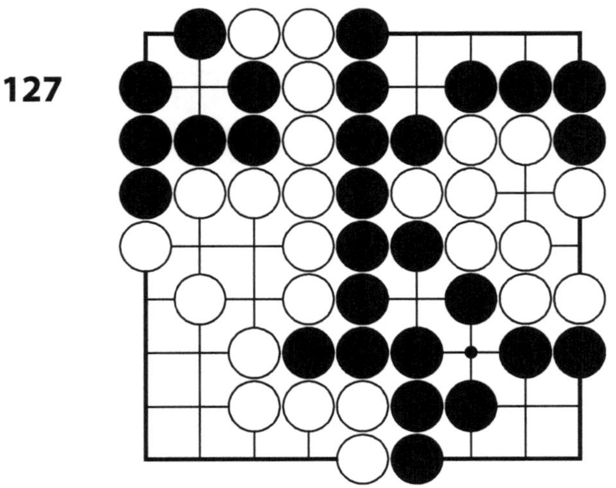

Tocca al Nero.

Qui ci sono ancora punti neutri. Occupateli a turno. Contate il risultato!

128

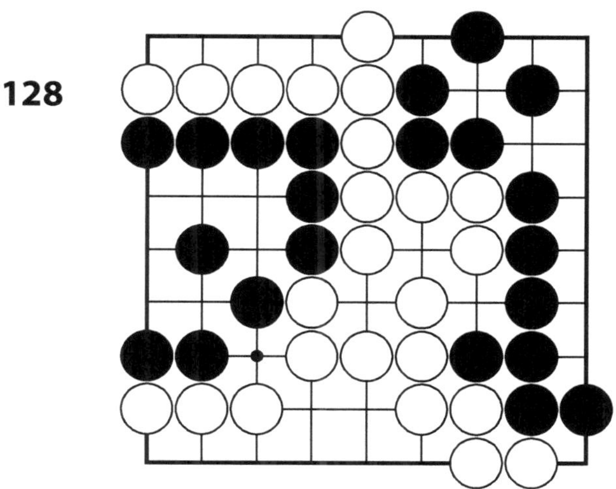

Tocca al Nero.

Quali punti sono neutri? Come potete realizzare ancora dei punti? Qual è il risultato?

129

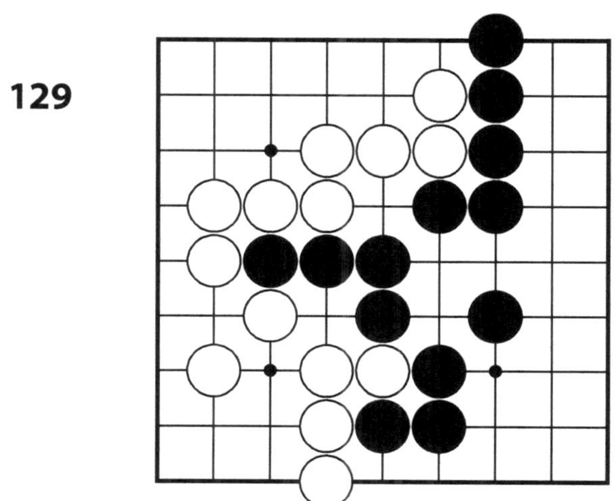

Tocca al Nero.

Il punto A è neutro? Quali punti sono neutri? Chi ha vinto?

130

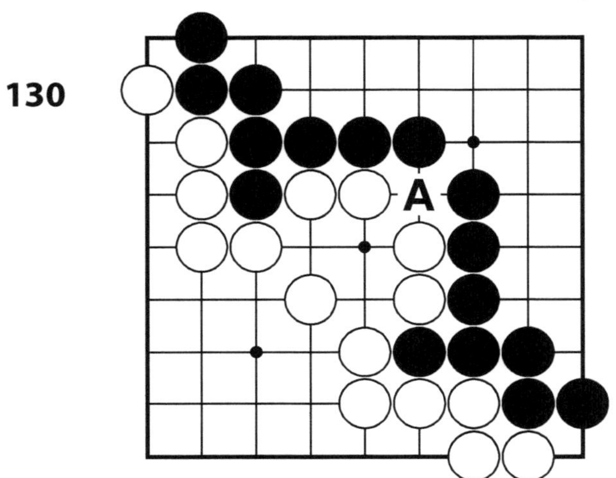

Tocca al Nero.

Scoprite il risultato di questa partita. Attenzione: sulla tavola ci sono pietre morte!

131

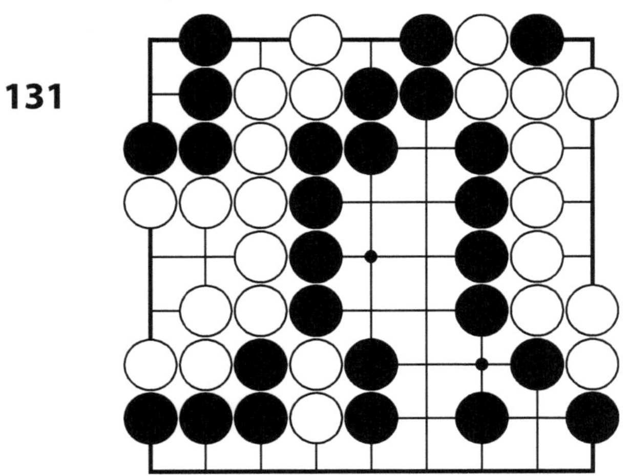

Soluzioni

La pietra nera ha quattro libertà.

1

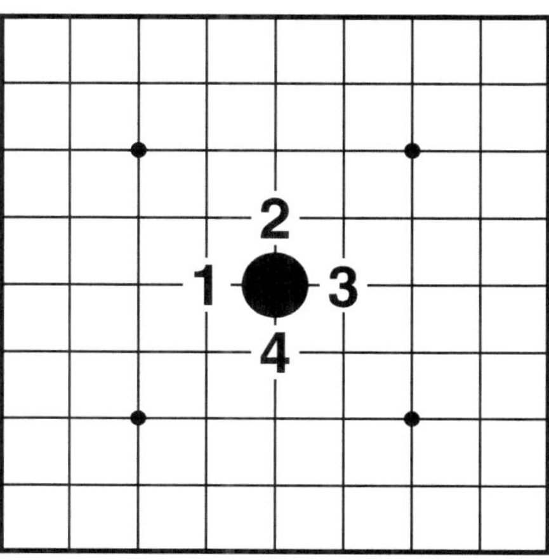

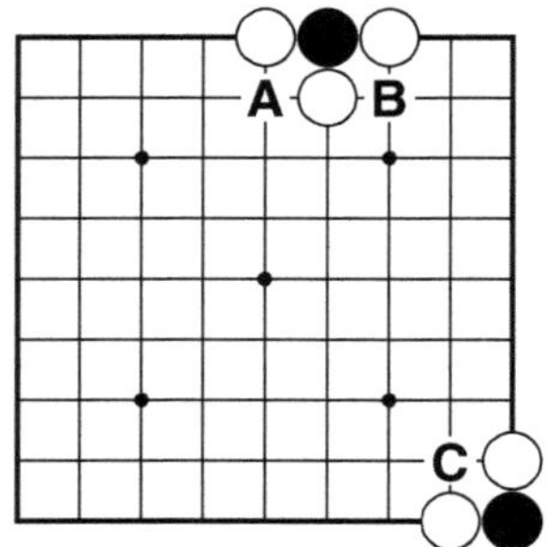

[2] La pietra sopra ha tre libertà, la pietra sotto due. I punti da A fino a C non sono libertà.

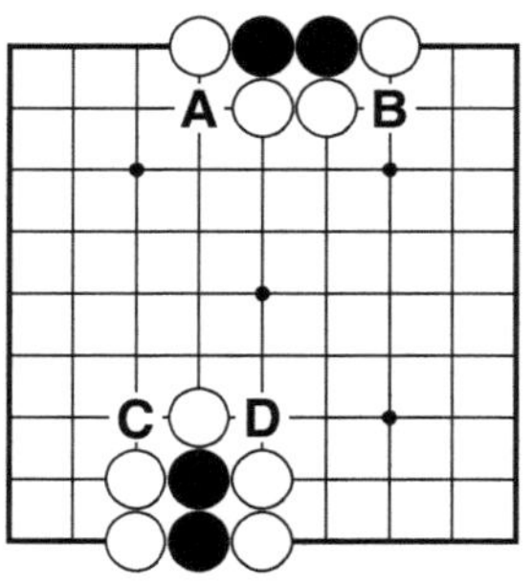

[3] Le pietre sopra hanno quattro libertà, le due pietre sotto ne hanno cinque. I punti da A a D non sono libertà.

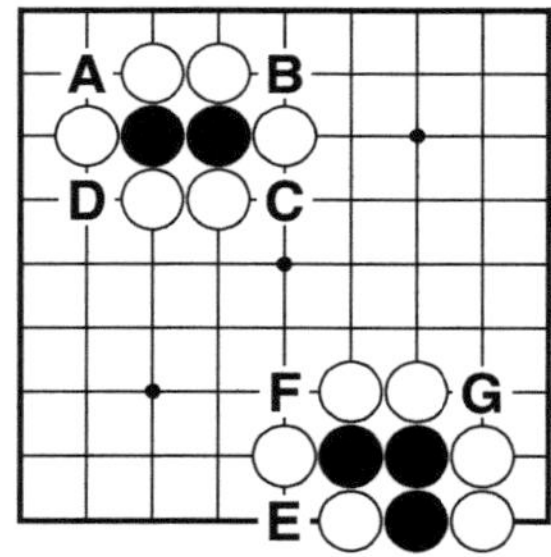

[4] Entrambe le connessioni di pietre hanno ciascuna sei libertà. I punti da A fino a G non sono libertà.

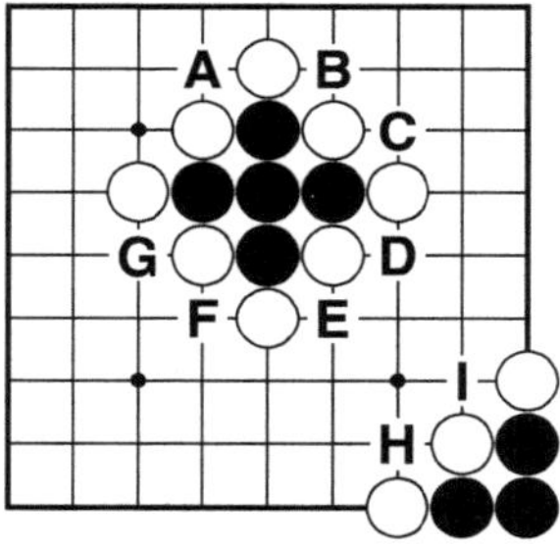

[5] Le pietre sopra hanno otto libertà, le pietre nell'angolo hanno solo tre libertà. I punti da A fino ad I non sono libertà.

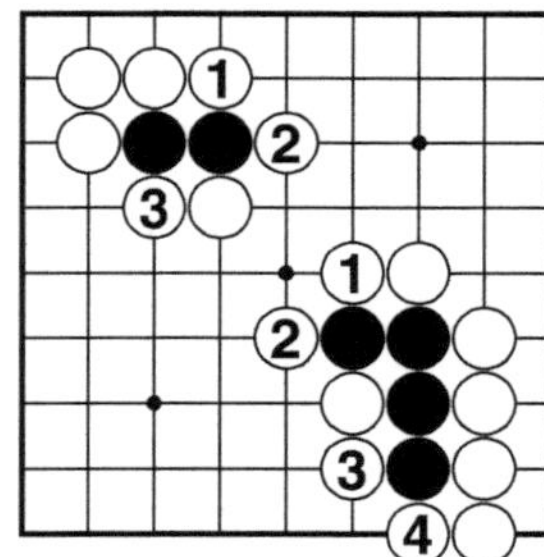

[6] Le pietre sopra hanno solo tre libertà, quelle sotto hanno ancora quattro libertà.

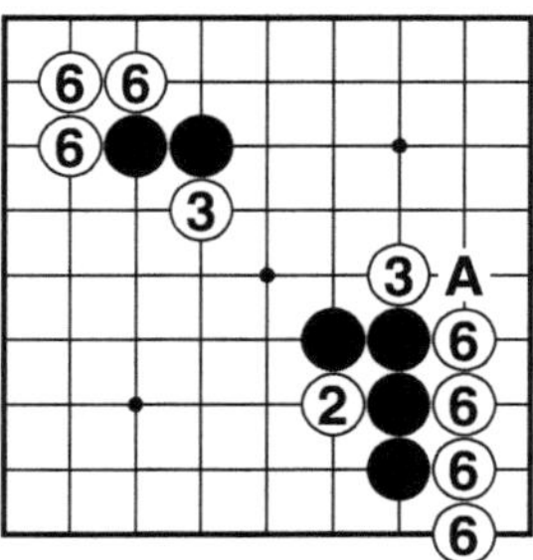

[7] Le connessioni di pietre bianche hanno 2, 3 o 6 libertà. La libertà A è divisa da due connessioni. Riconta!

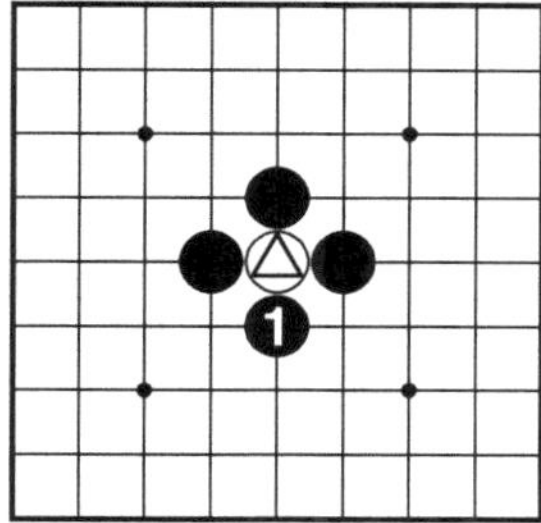

[8] Nero 1 occupa l'ultima libertà della pietra contrassegnata e la cattura.

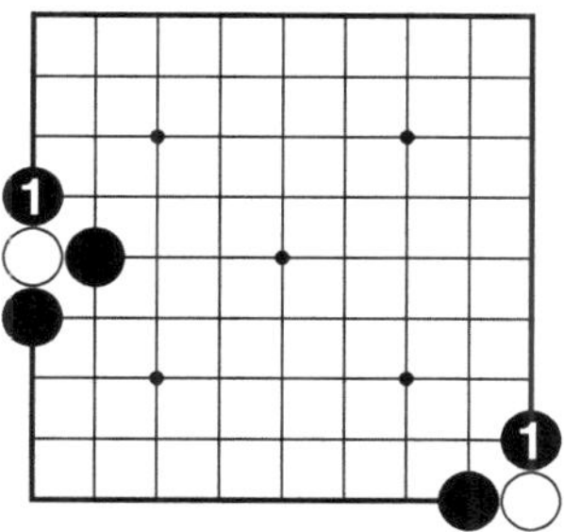

[9] 9. Nero 1 occupa l'ultima libertà di ciascuna pietra bianca.

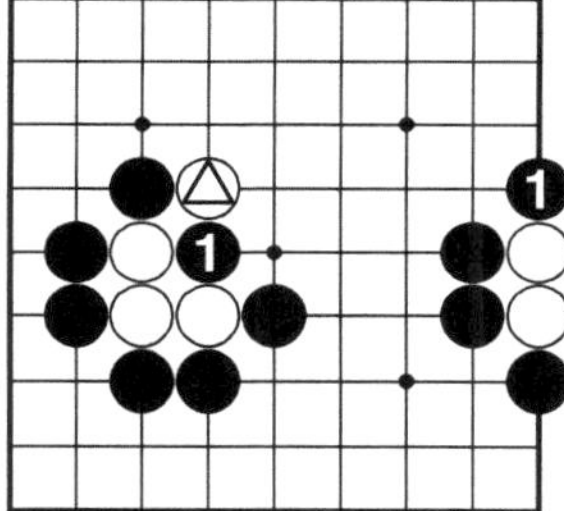

[10] Nero 1 occupa l'ultima libertà delle pietre bianche. La pietra contrassegnata ha ancora due libertà.

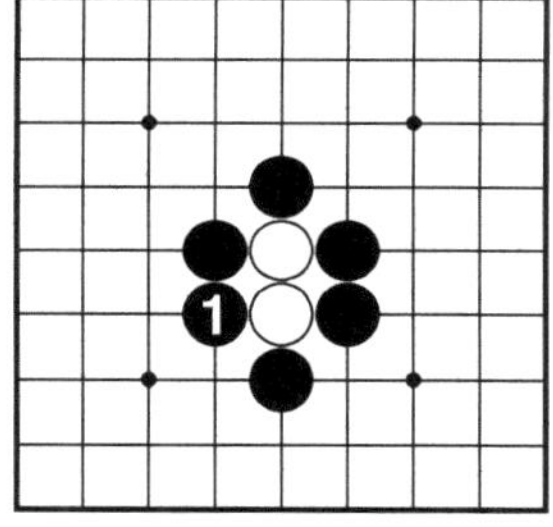

[11] Nero 1 occupa l'ultima libertà delle pietre bianche.

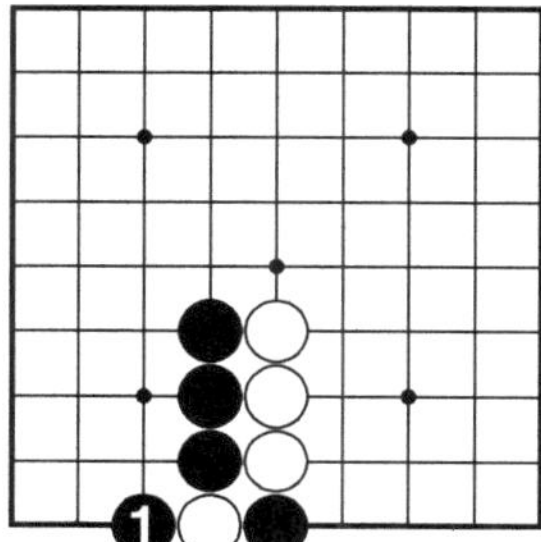

[12] Nero 1 occupa l'ultima libertà della pietra bianca e la cattura.

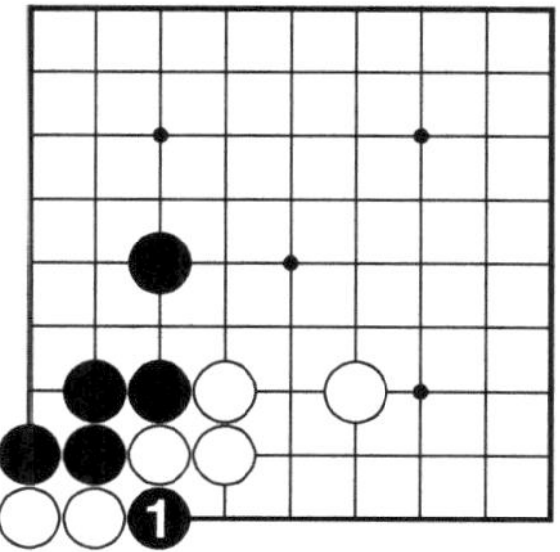

[13] Nero 1 occupa l'ultima libertà delle pietre bianche e le cattura.

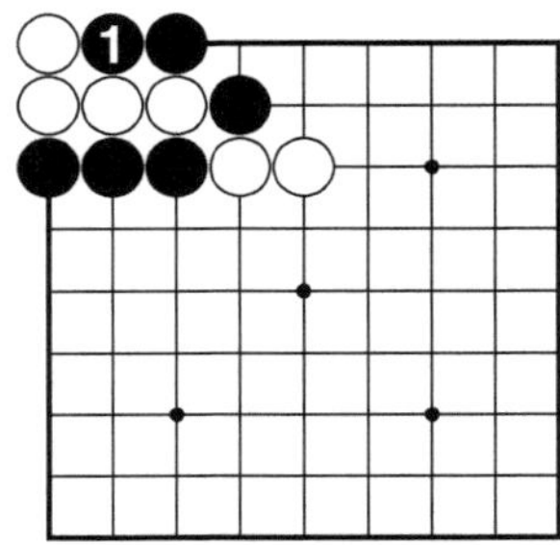

[14] Nero 1 occupa l'ultima libertà delle pietre bianche.

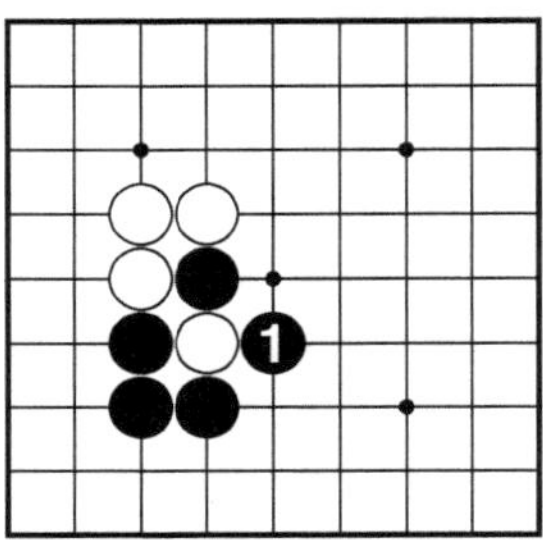

[15] Nero 1 occupa l'ultima libertà della pietra bianca.

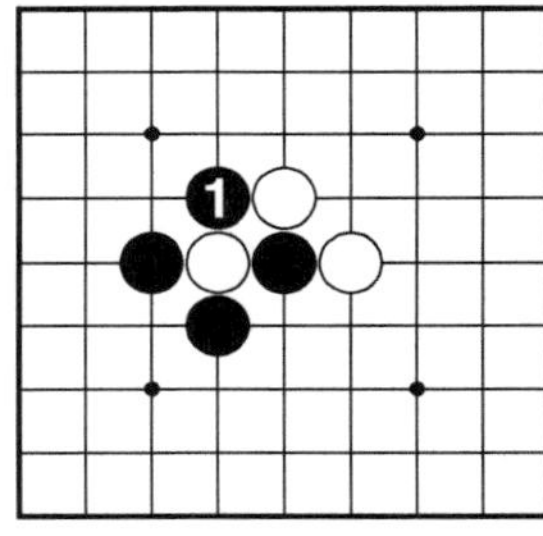

[16] Nero 1 occupa l'ultima libertà della pietra bianca.

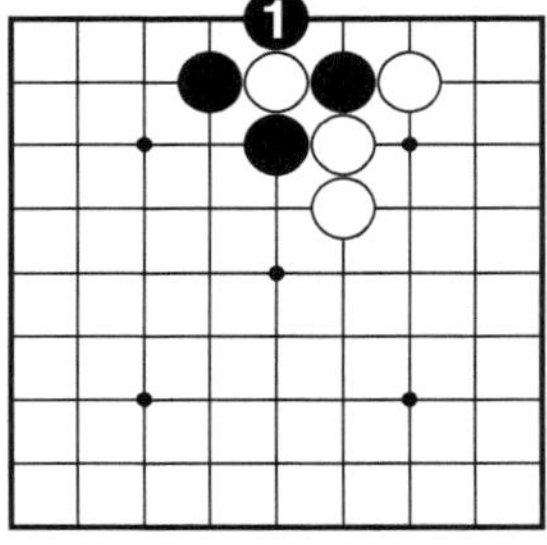

[17] Nero 1 occupa l'ultima libertà della pietra bianca e la cattura.

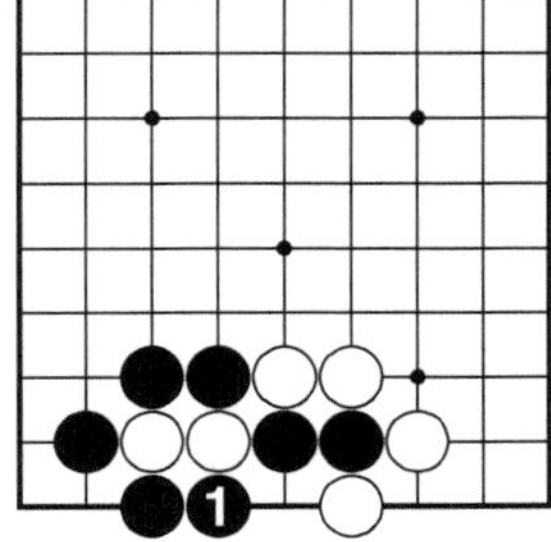

[18] Nero 1 occupa l'ultima libertà delle pietre bianche e le cattura.

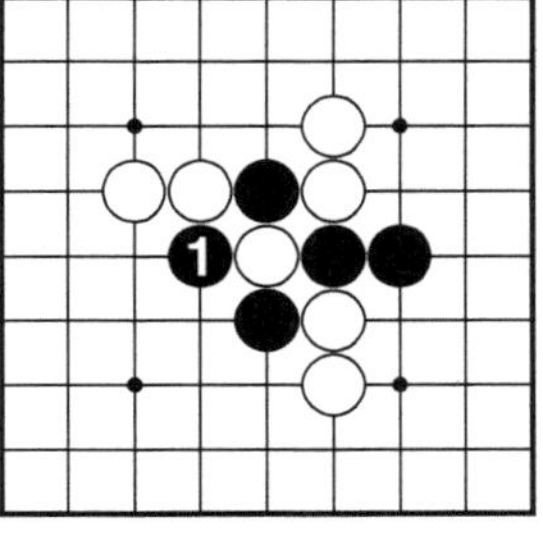

[19] Nero 1 cattura una pietra bianca.

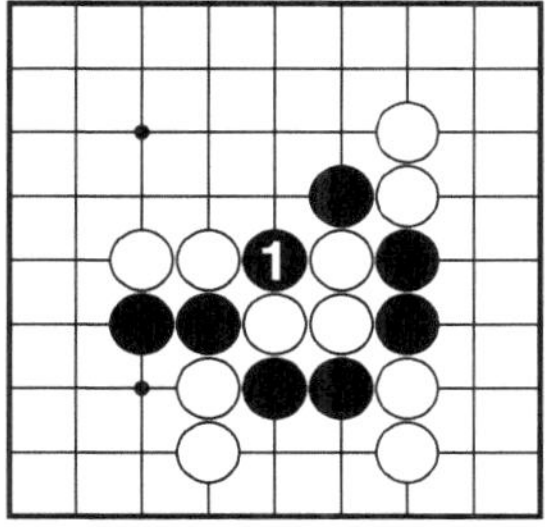

[20] Nero 1 cattura tre pietre bianche.

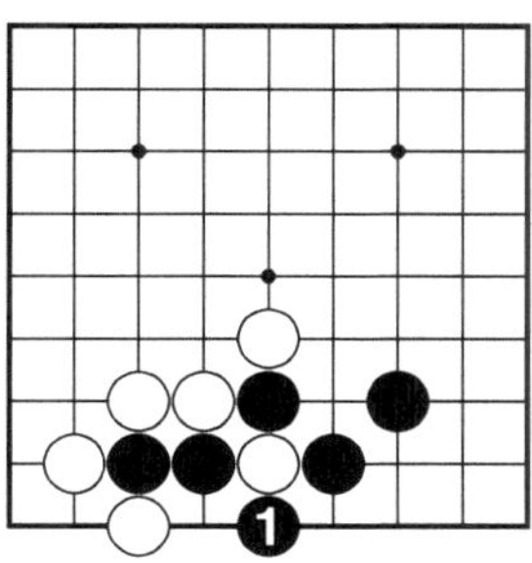

[21] Nero 1 cattura una pietra bianca.

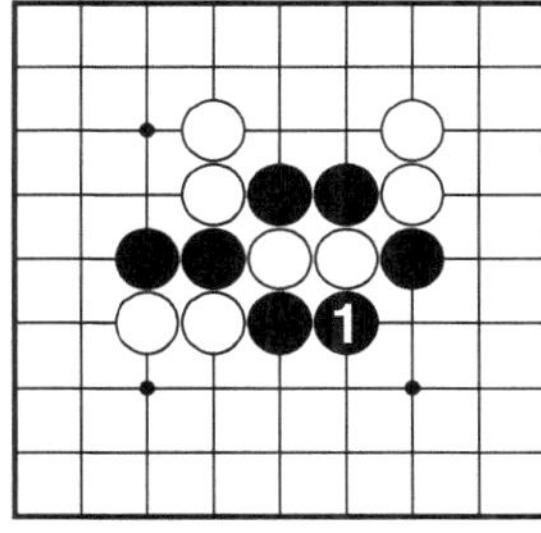

[22] Nero 1 cattura due pietre bianche.

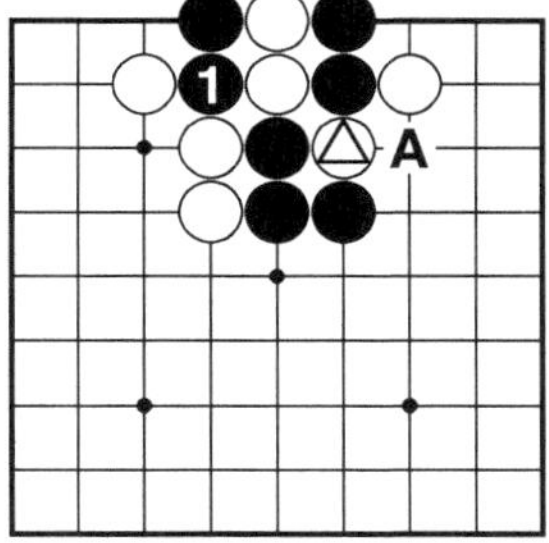

[23] Nero 1 cattura due pietre. Il Nero può catturare in A solo una pietra. Quindi è meglio Nero 1.

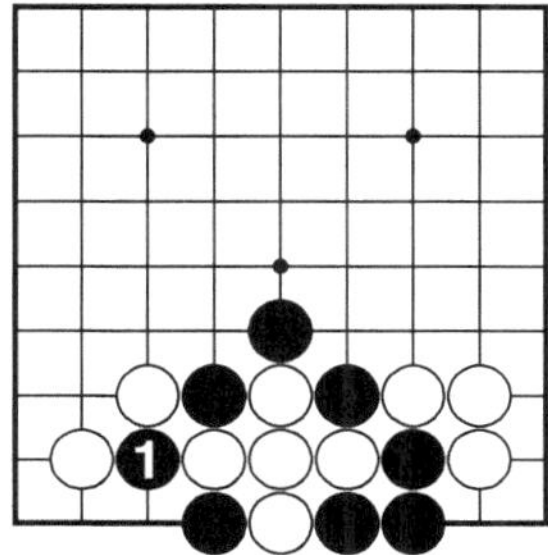

[24] Nero 1 cattura cinque pietre bianche.

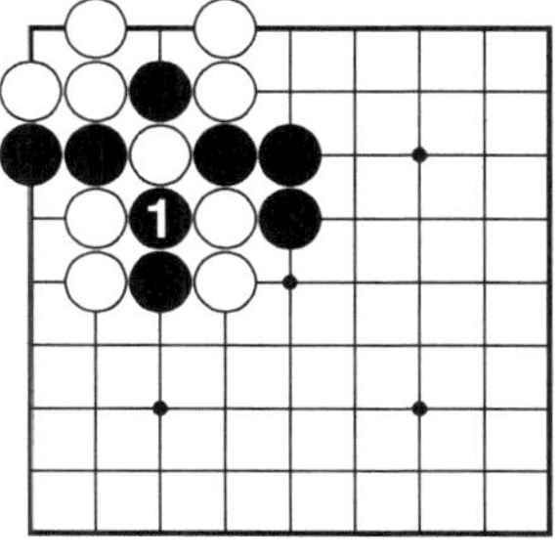

[25] Nero 1 cattura una pietra bianca.

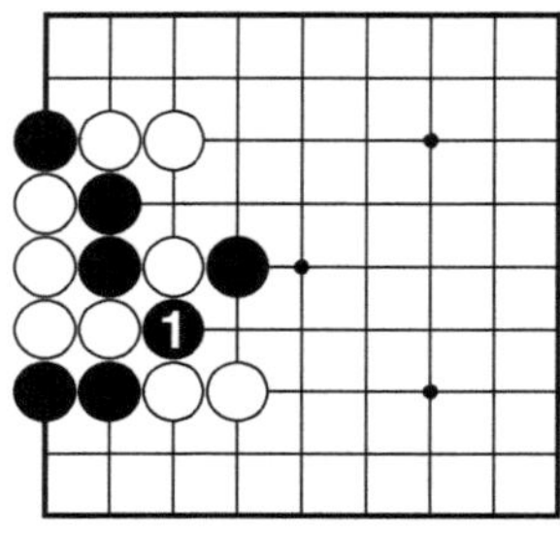

[26] Nero 1 cattura le quattro pietre bianche sul bordo.

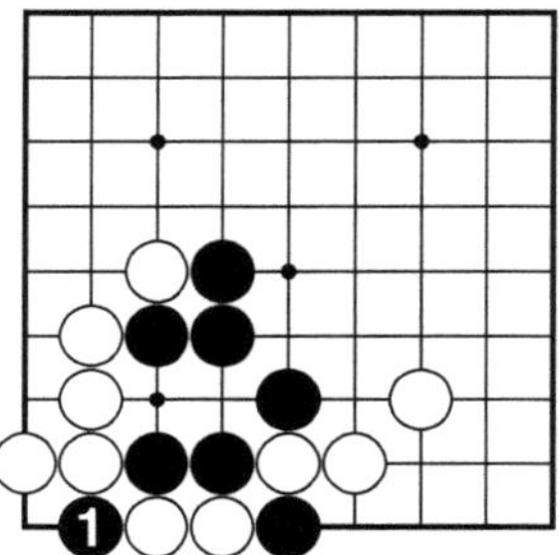

[27] Nero 1 cattura due pietre bianche.

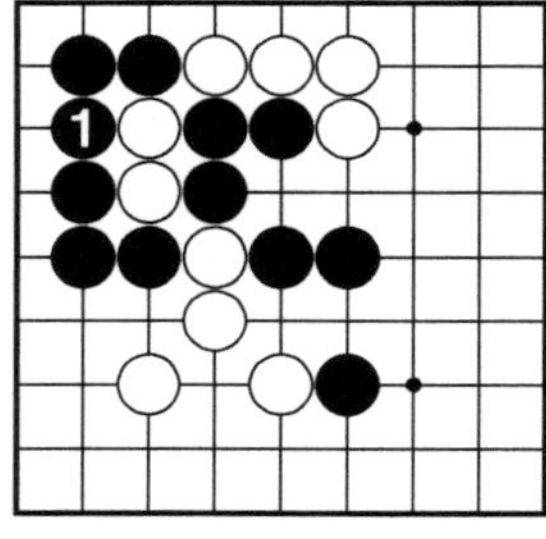

[28] Nero 1 cattura due pietre bianche.

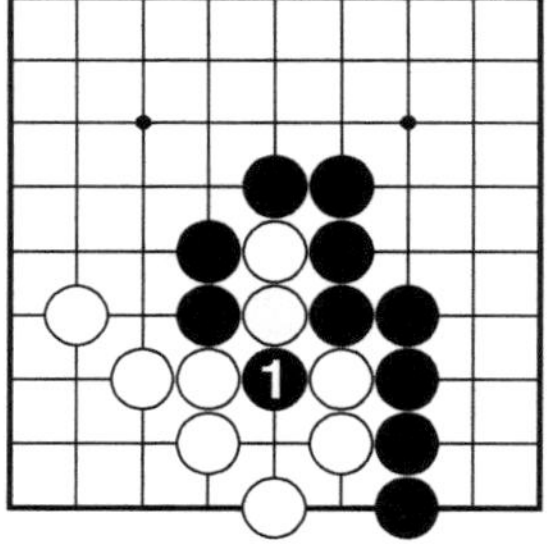

[29] Nero 1 cattura due pietre bianche.

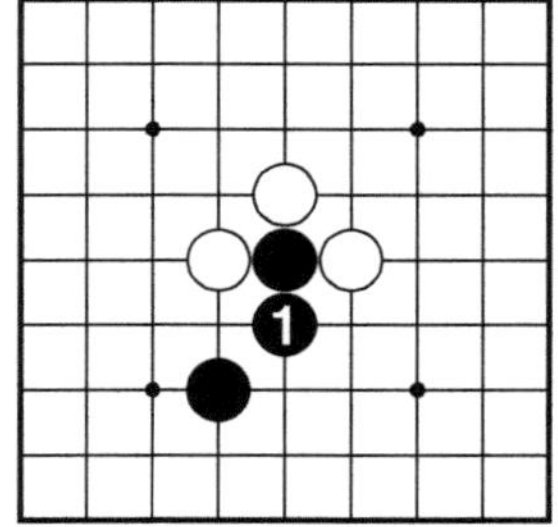

[30] Nero 1 toglie la pietra minacciata dall'Atari.

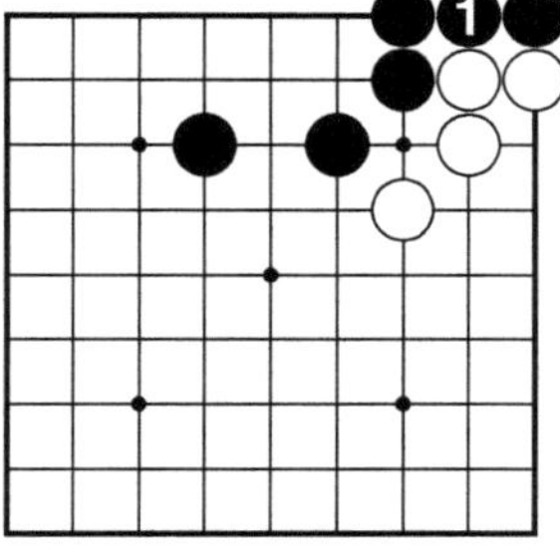

[31] Nero 1 libera la pietra minacciata connettendola con le altre pietre.

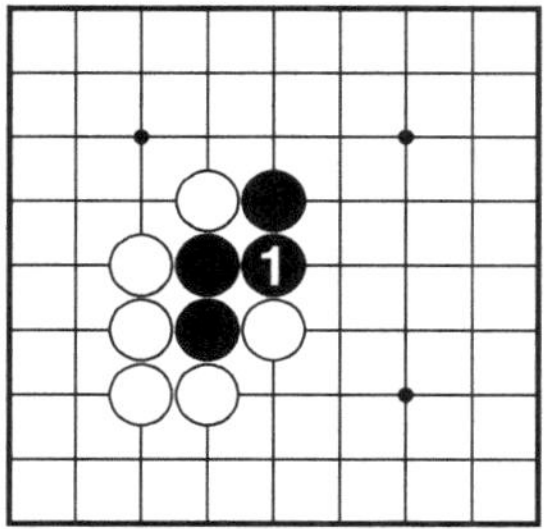

[32] Nero 1 connette le pietre e le protegge dalla cattura.

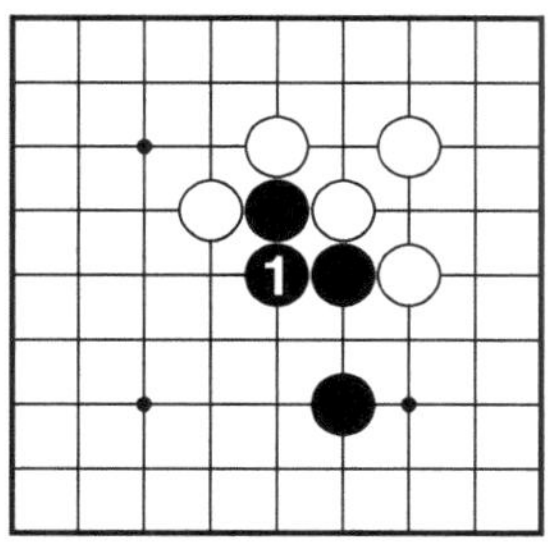

[33] Nero 1 copre l'Atari e connette la pietra minacciata.

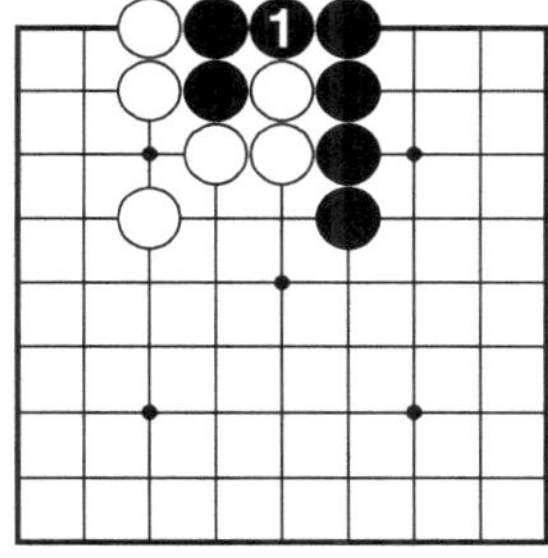

[34] Nero 1 connette le pietre minacciate con le altre pietre nere.

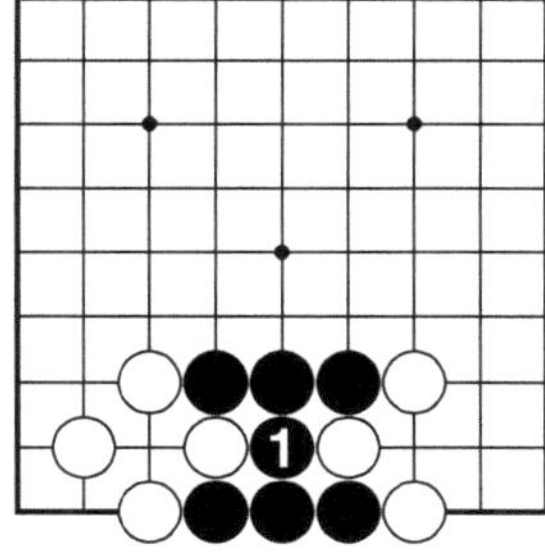

[35] Nero 1 connette le pietre minacciate con le altre pietre nere.

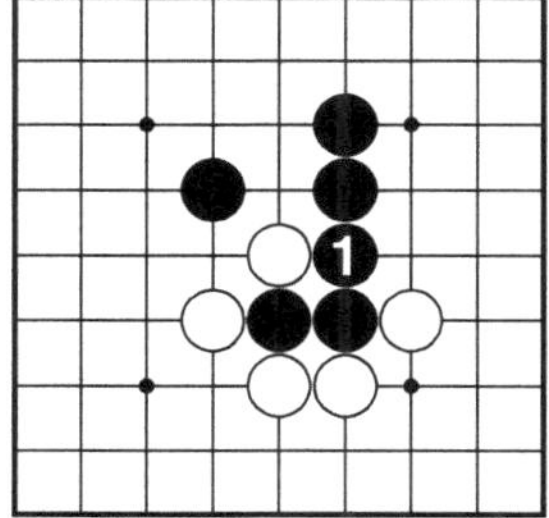

[36] Nero 1 connette le pietre minacciate con le altre pietre nere.

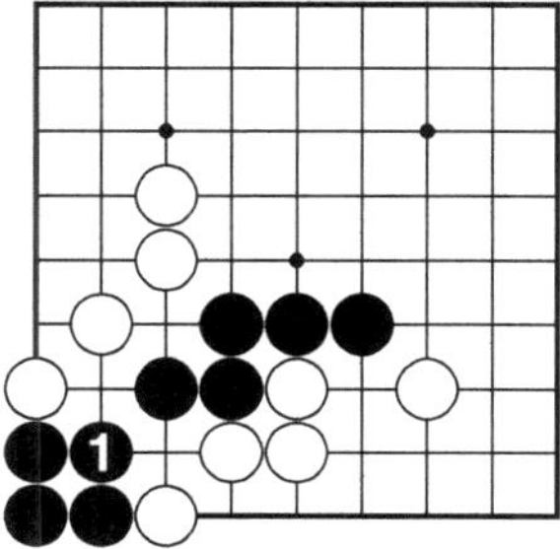

[37] Nero 1 libera le pietre minacciate. Nessun'altra mossa adempie questo compito.

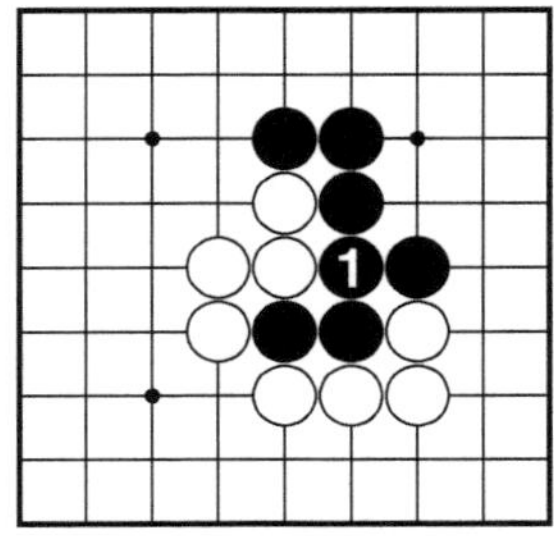

[38] Nero 1 connette le pietre minacciate con le altre pietre nere.

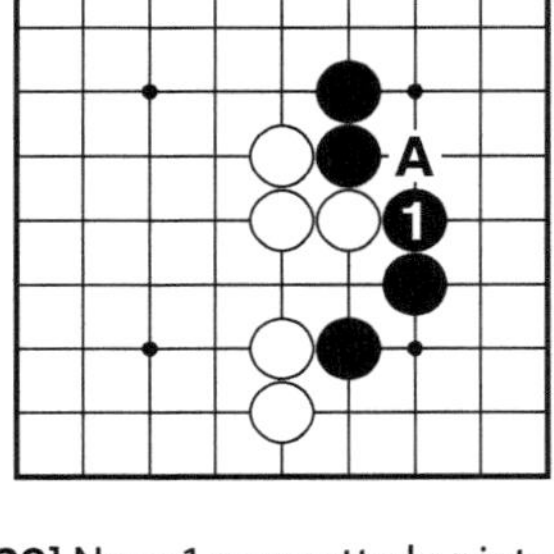

[39] Nero 1 connette le pietre. Se il Bianco taglia in A, il Nero può catturare questa pietra.

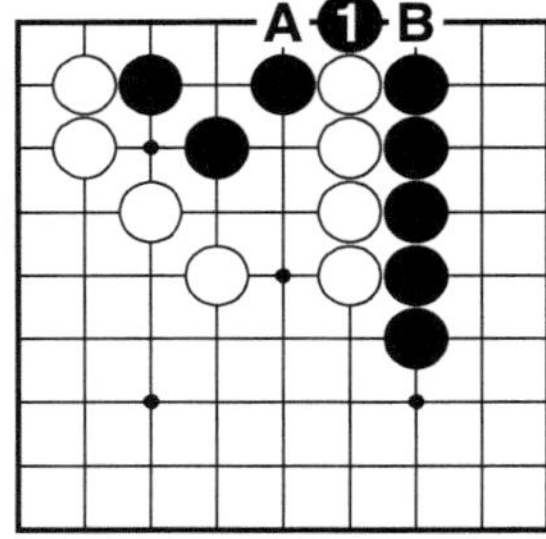

[40] Nero 1 connette le pietre sulla prima linea. Se il Bianco attacca su A o B, il Nero cattura facilmente.

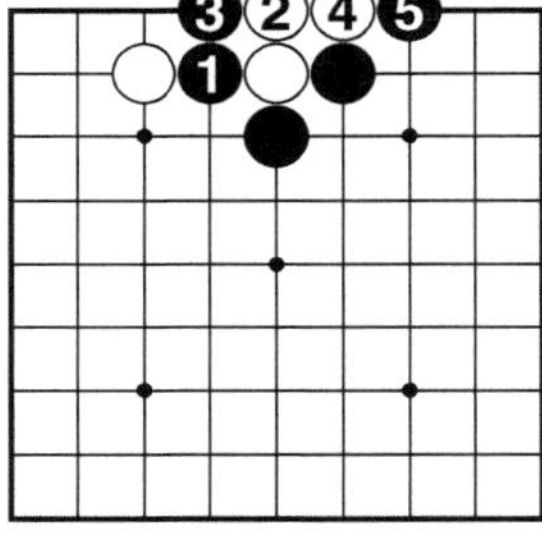

[41] Nero 1 è l'Atari giusto perché il Bianco non può scappare sul bordo.

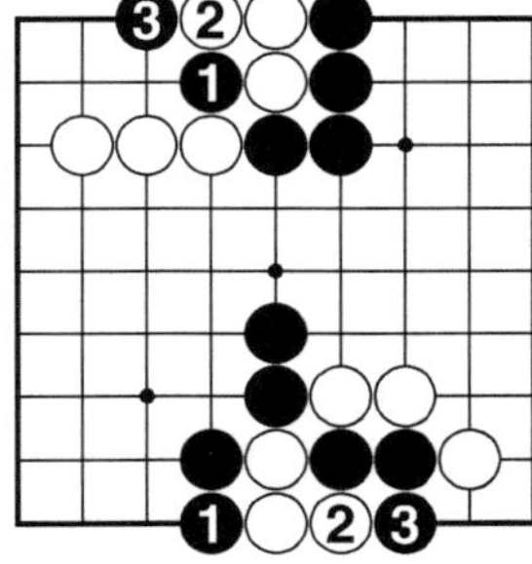

[42] Nero 1 è in entrambi i casi giusto. Se il Nero fa una mossa diversa sopra, il Bianco connette in 1.

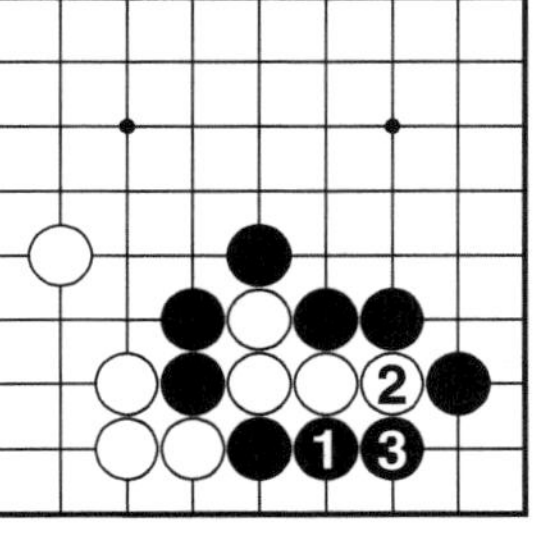

[43] Nero 1 è l'Atari giusto perché il bianco non può scappare.

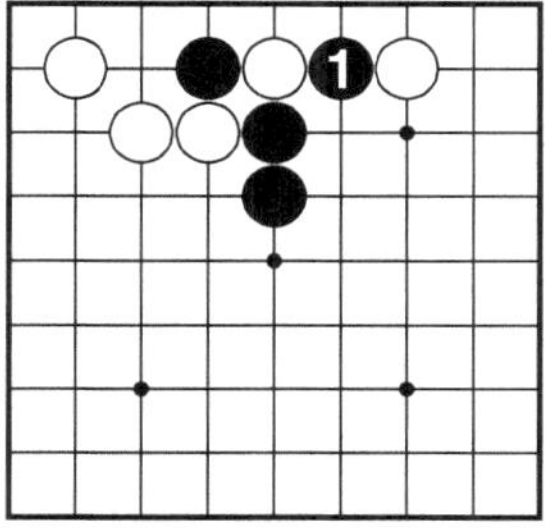

[44] Nero 1 è giusto. Se il Nero fa una mossa diversa, il Bianco connette in 1.

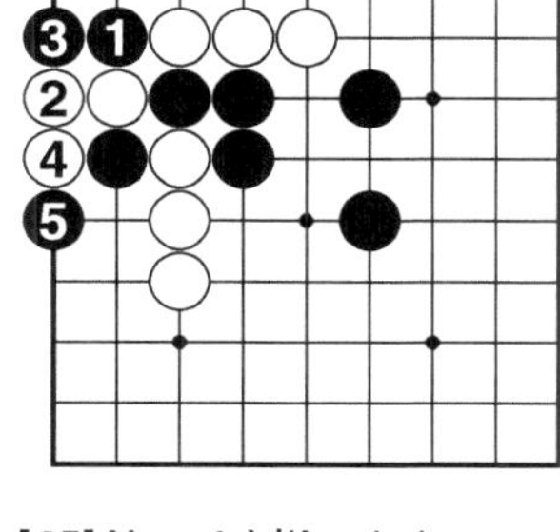

[45] Nero 1 è l'Atari giusto perché il Bianco non può scappare sul bordo.

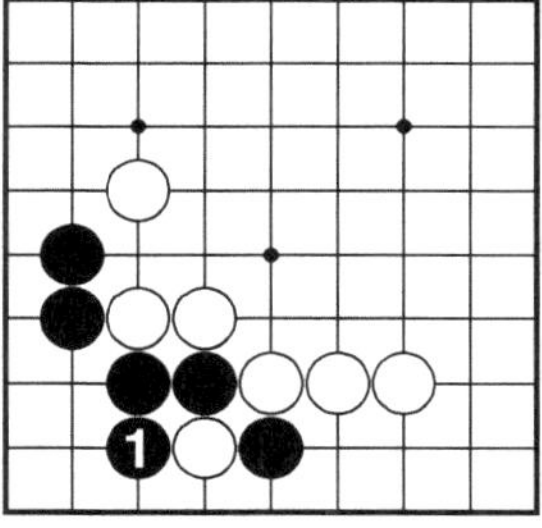

[46] Nero 1 è l'Atari giusto perché il Bianco non può scappare sul bordo.

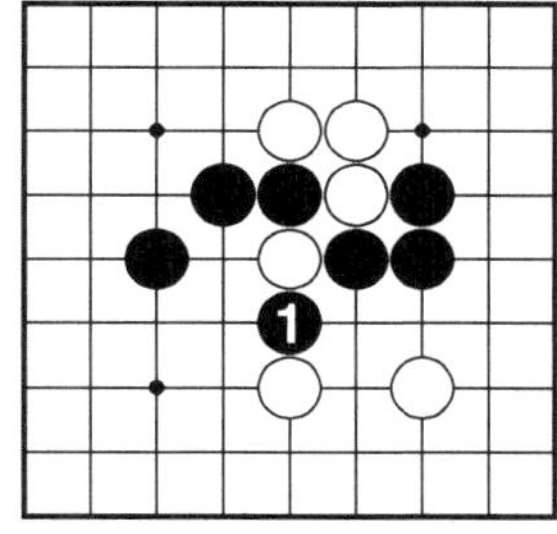

[47] Nero 1 è la direzione giusta.

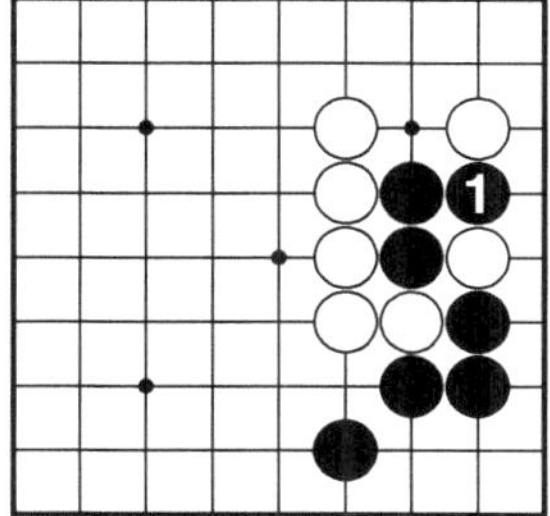

[48] Nero 1 è giusto. Se il Nero fa una mossa diversa, il Bianco connette in 1.

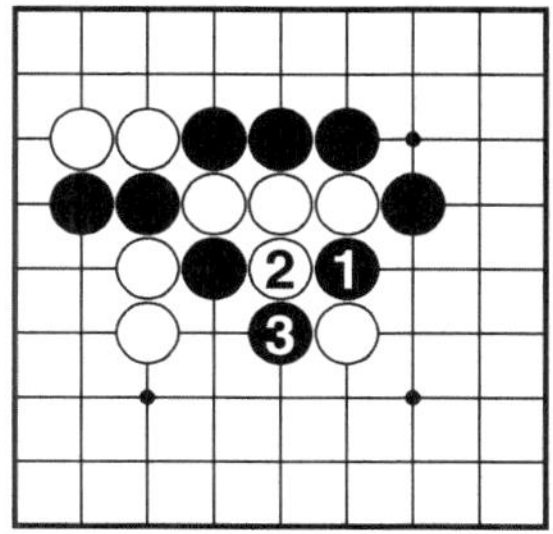

[49] Nero 1 è l'Atari giusto. Se il Bianco prova con 2 a scappare, allora il Nero cattura in 3.

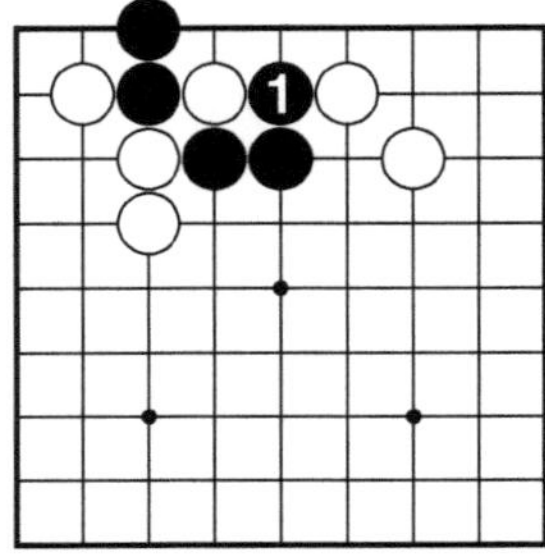

[50] Nero 1 crea l'Atari nella direzione corretta.

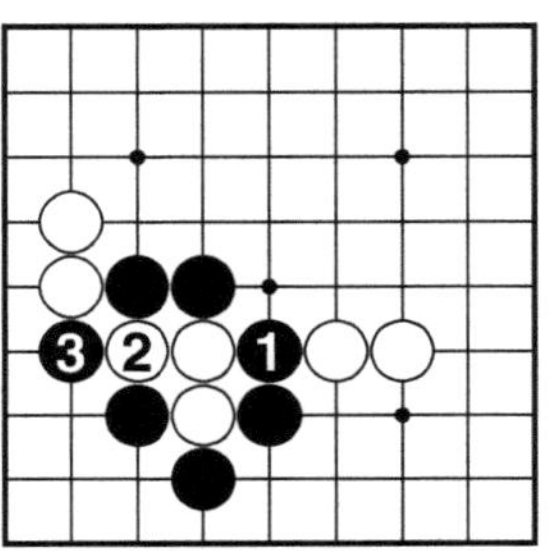

[51] Nero 1 è giusto. Se il Nero fa una mossa diversa, il Bianco connette in 1.

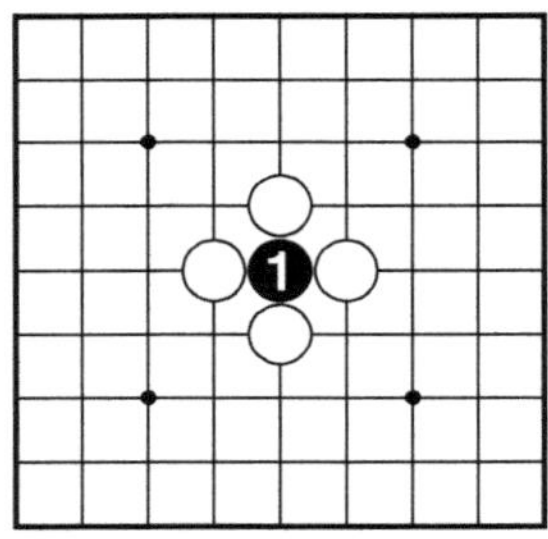

[52] Nero 1 non è permesso perché questa mossa costituisce suicidio. La pietra nera non ha libertà.

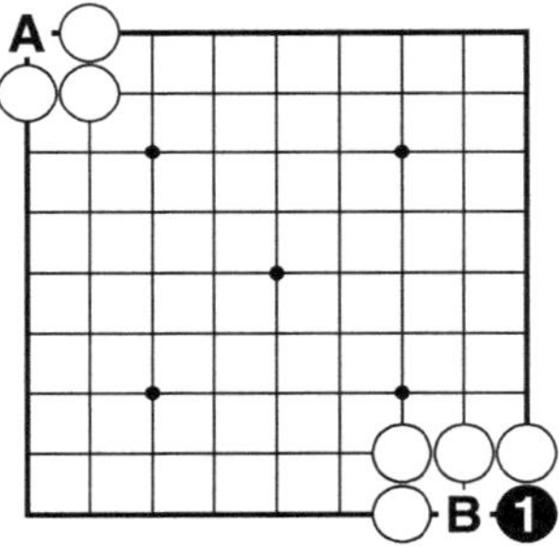

[53] Una mossa nera in A non è permessa. Nero 1 è invece permesso perché la pietra ha una libertà in B.

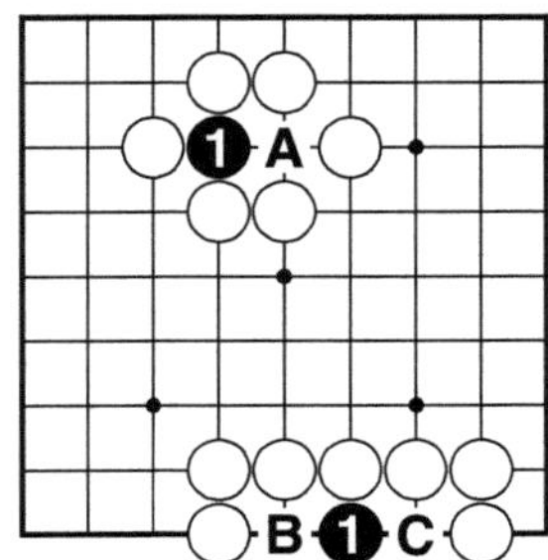

[54] Entrambe le mosse Nero 1 sono permesse. Le pietre hanno le libertà A, B e C.

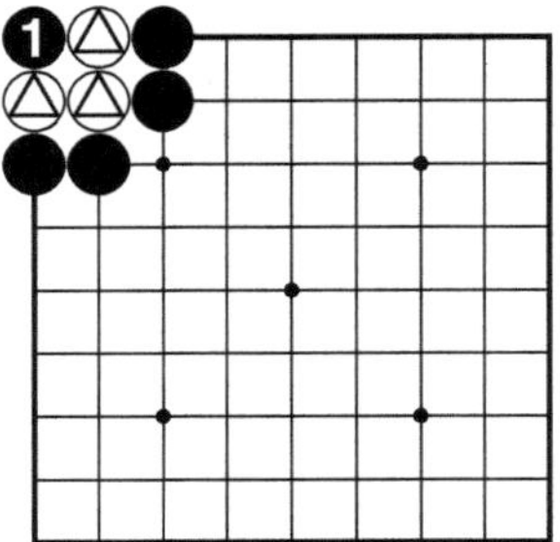

[55] Nero 1 è permesso perché cattura le tre pietre bianche contrassegnate.

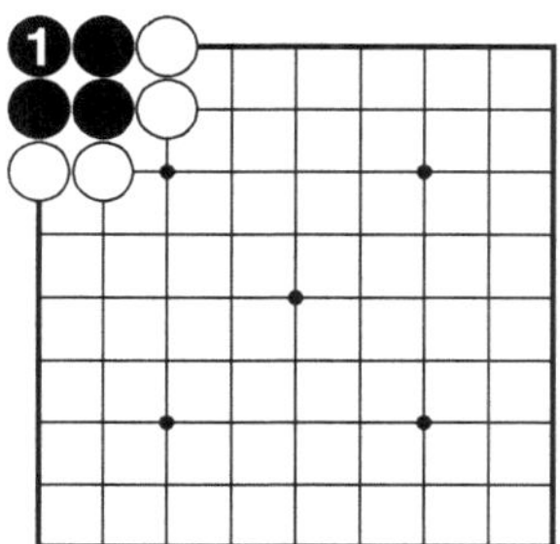

[56] Nero 1 non è permesso perché le quattro pietre nere non hanno più libertà.

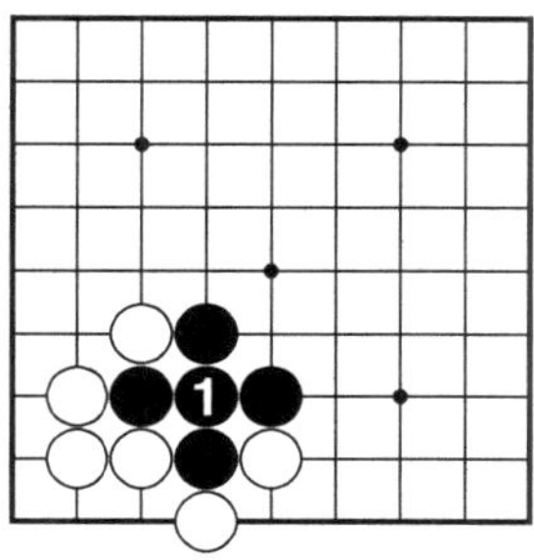

[57] Nero 1 è permesso, copre due pietre minacciate.

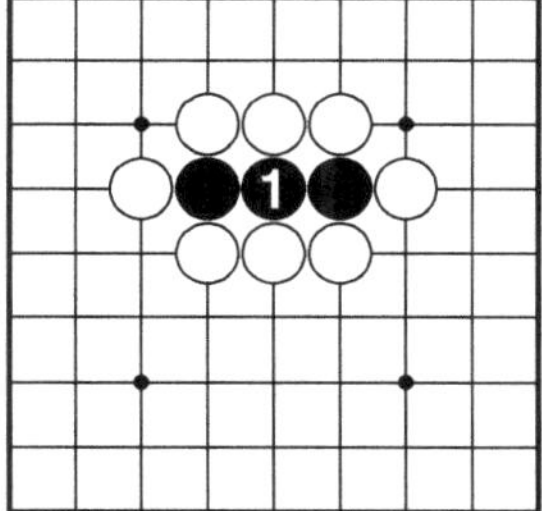

[58] Nero 1 non è permesso perché le tre pietre nere non avrebbero più libertà.

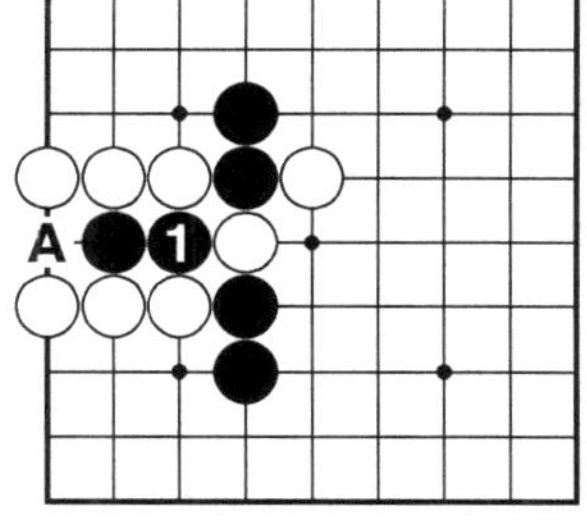

[59] Nero 1 è permesso perché le due pietre hanno ancora una libertà in A.

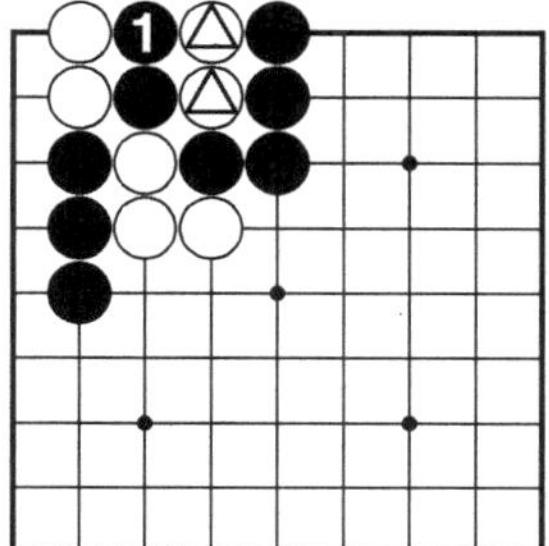

[60] Nero 1 è permesso perché cattura le due pietre bianche contrassegnate.

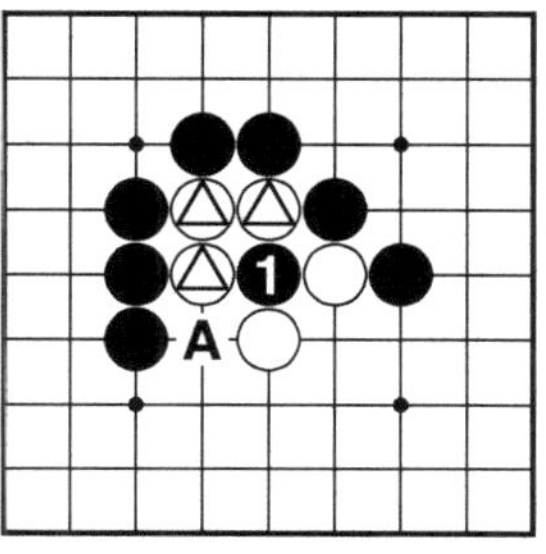

[61] Nero 1 non è permesso perché le pietre bianche contrassegnate hanno ancora una libertà in A.

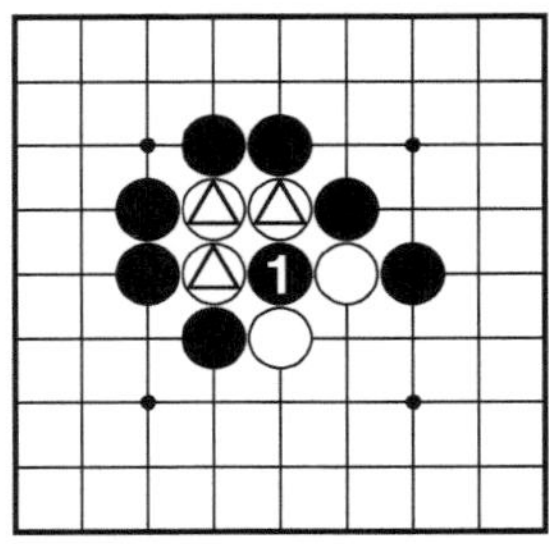

[62] Nero 1 è permesso perché cattura le tre pietre contrassegnate.

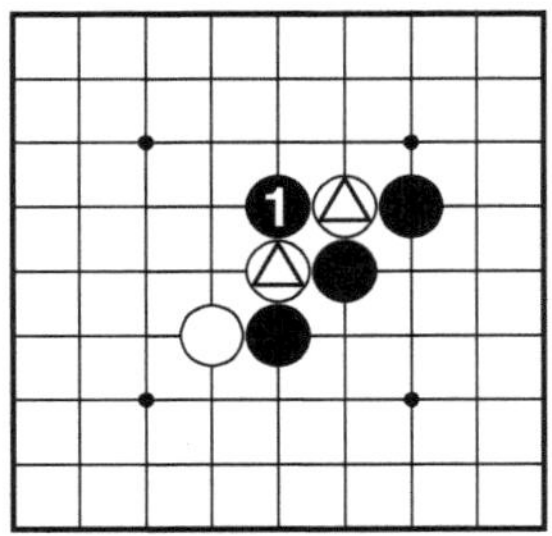

[63] Nero 1 è giusto perché minaccia contemporaneamente entrambe le pietre contrassegnate. Il Bianco ne può salvare una sola.

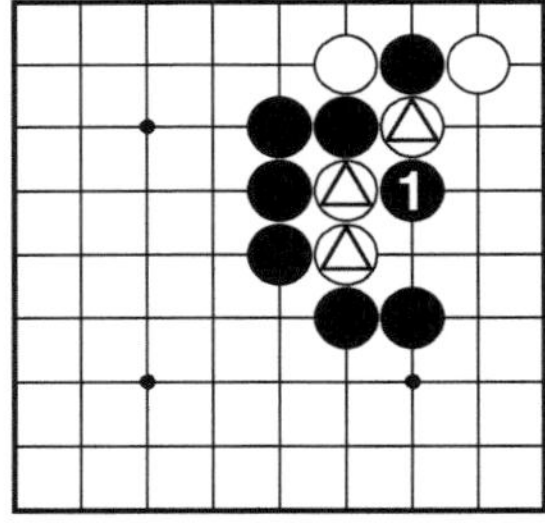

[64] Nero 1 mette tanto una pietra quanto le altre due in Atari.

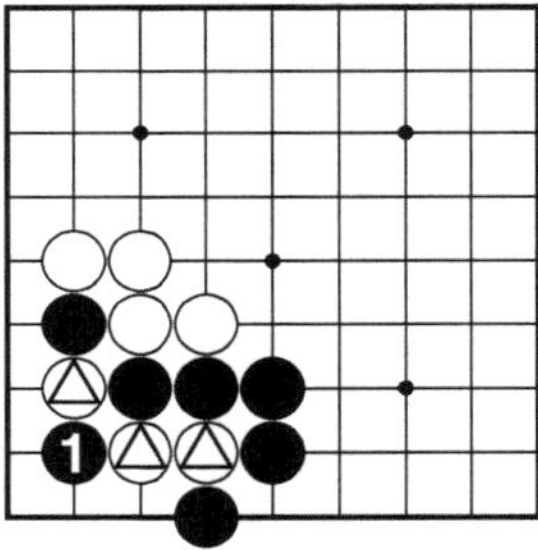

[65] Nero 1 è il doppio Atari.

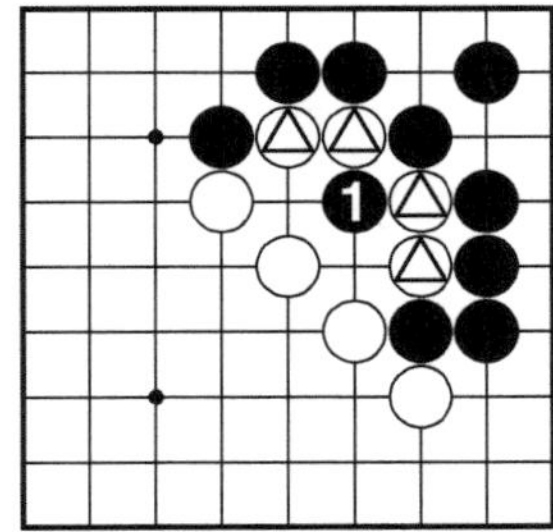

[66] Nero 1 mette due volte due pietre in Atari.

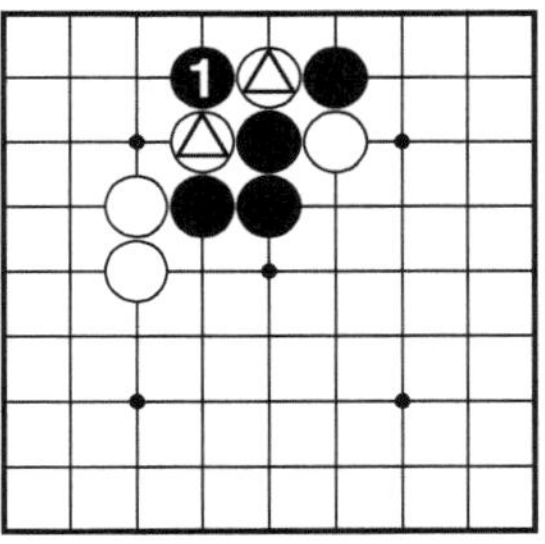

[67] Nero 1 è giusto perché minaccia contemporaneamente due pietre.

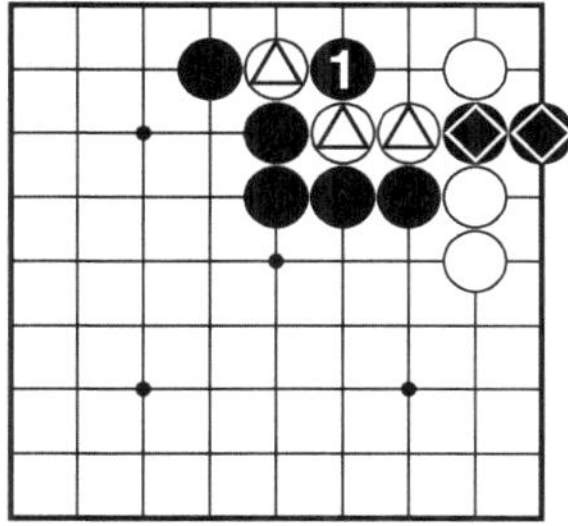

[68] 68. Nero 1 è il doppio Atari. Attenzione: le pietre nere contrassegnate non possono essere salvate.

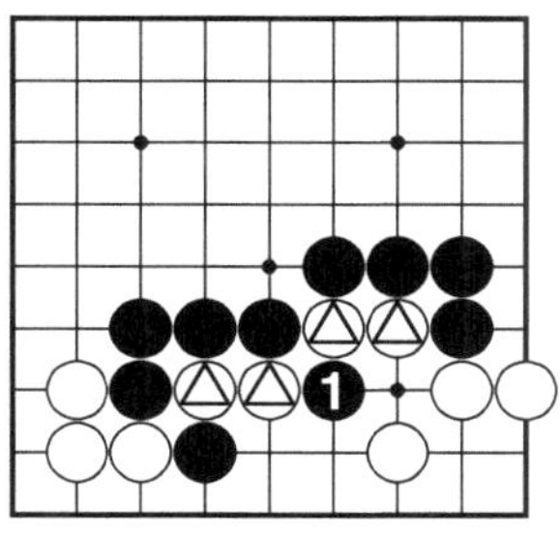

[69] Nero 1 è il doppio Atari.

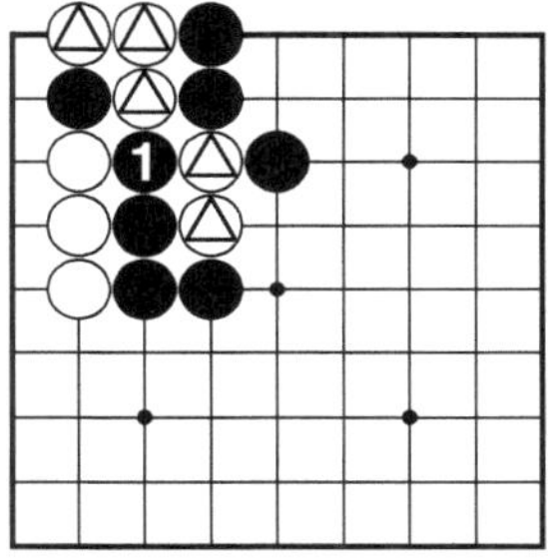

[70] Nero 1 è giusto perché minaccia contemporaneamente due connessioni di pietre.

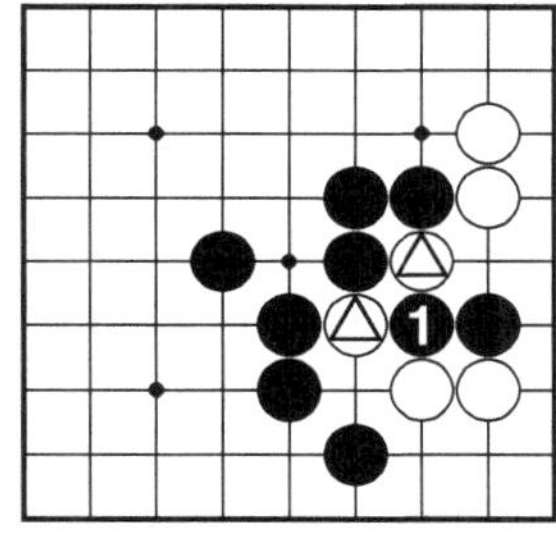

[71] Nero 1 è il doppio Atari.

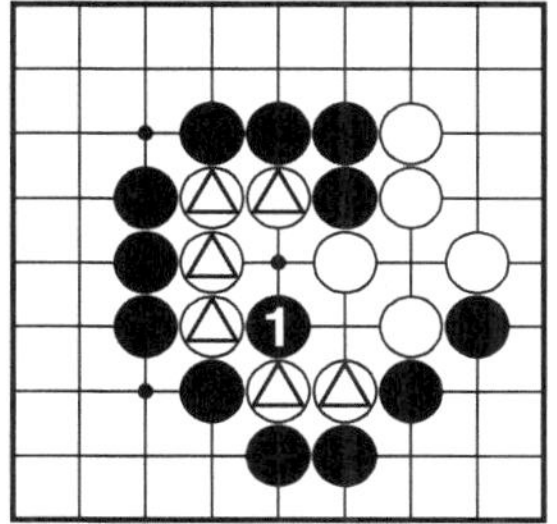

[72] Nero 1 mette una volta due pietre e un'altra volta quattro pietre in Atari.

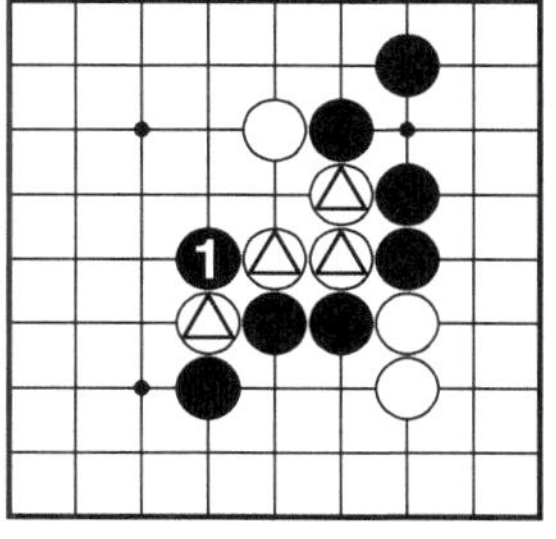

[73] Nero 1 mette in Atari sia una pietra sia altre tre.

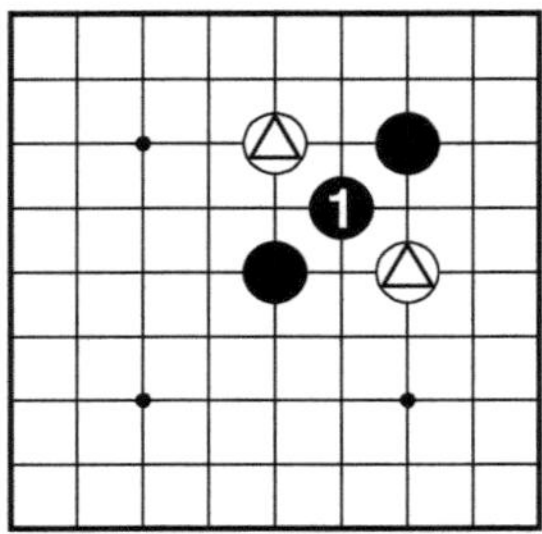

[74] Nero 1 separa entrambe le pietre bianche e stabilisce una connessione sicura tra le pietre nere.

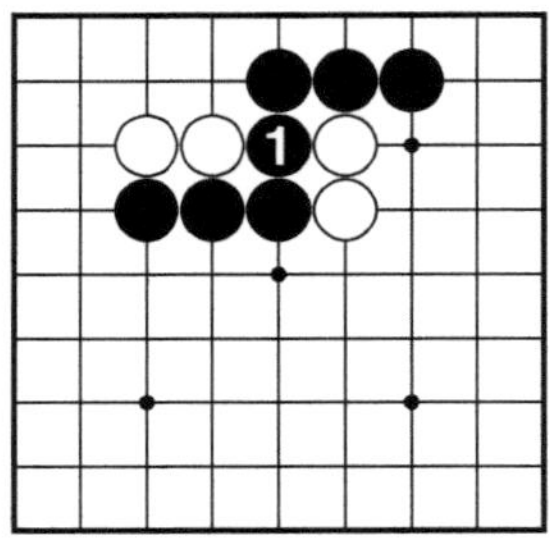

[75] Nero 1 divide le pietre bianche e contemporaneamente connette quelle nere.

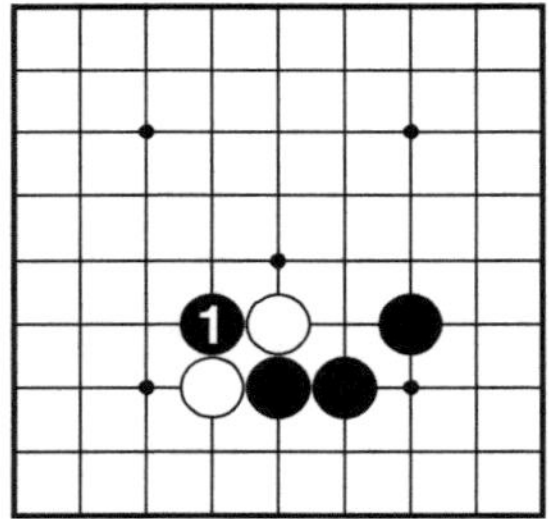

[76] Nero 1 taglia e così separa le pietre bianche.

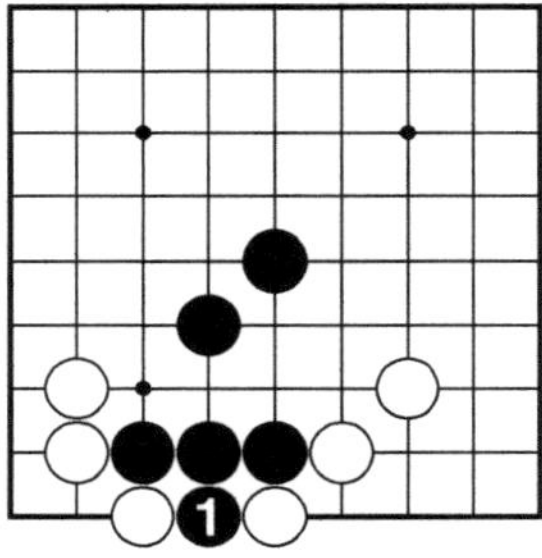

[77] Nero 1 impedisce che le pietre bianche si possano connettere tra loro.

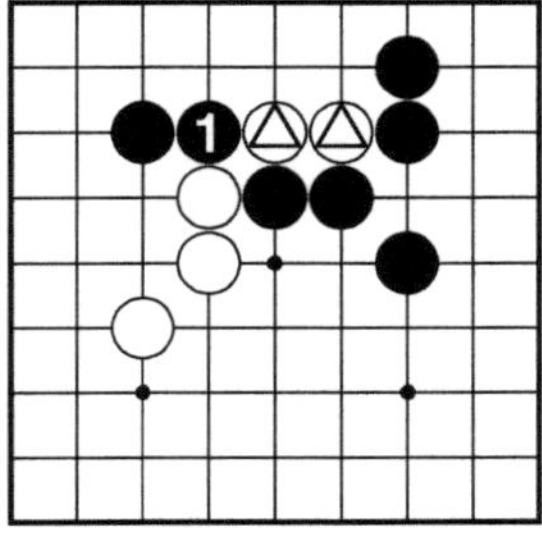

[78] Nero 1 taglia. Entrambe le pietre contrassegnate sono quasi perse.

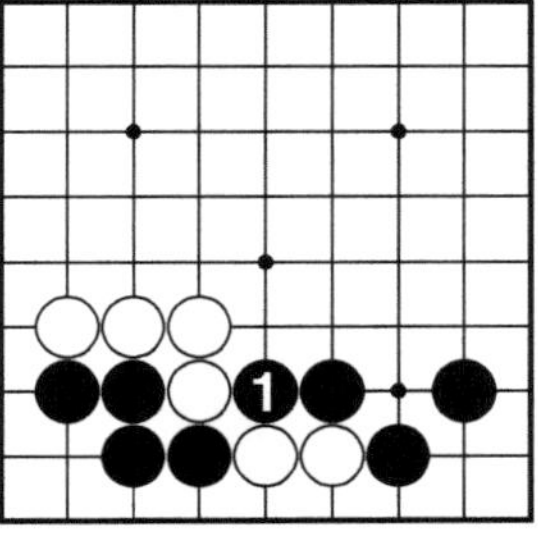

[79] Nero 1 taglia. Entrambe le pietre bianche non possono più scappare.

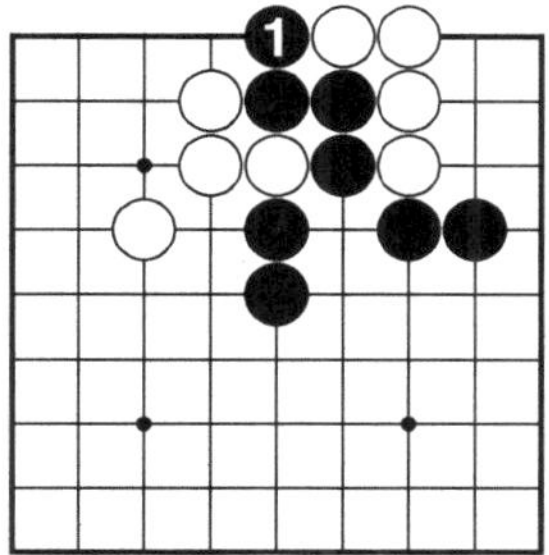

[80] Nero 1 separa e impedisce che le pietre bianche possano essere tra di loro connesse.

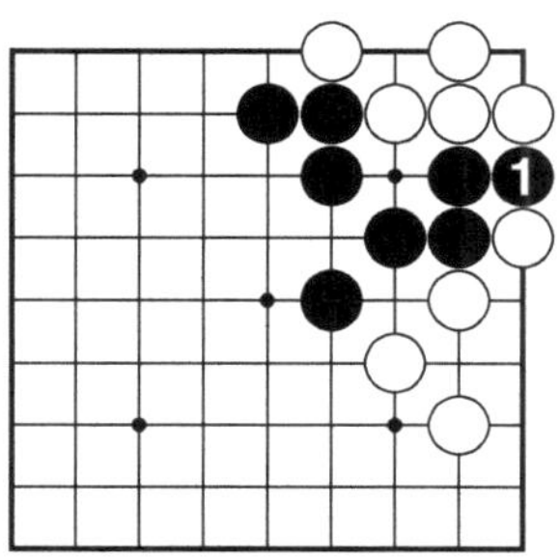

[81] Nero 1 separa le pietre bianche.

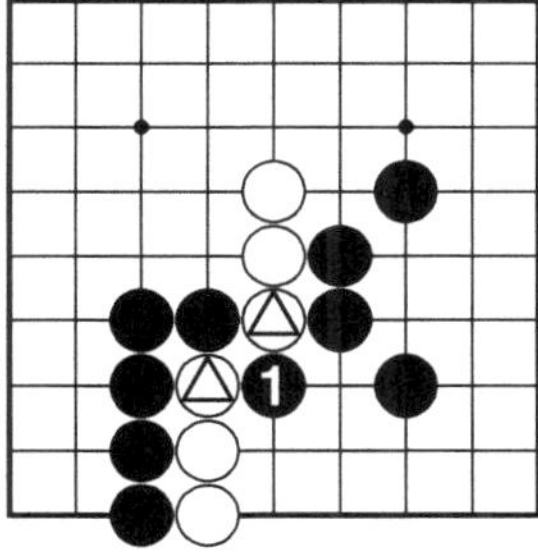

[82] Nero 1 taglia e così separa le pietre bianche.

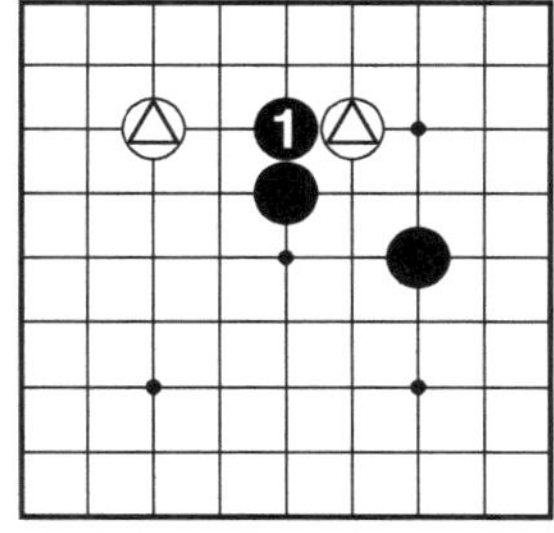

[83] Nero 1 separa le pietre bianche, che adesso non possono più essere connesse.

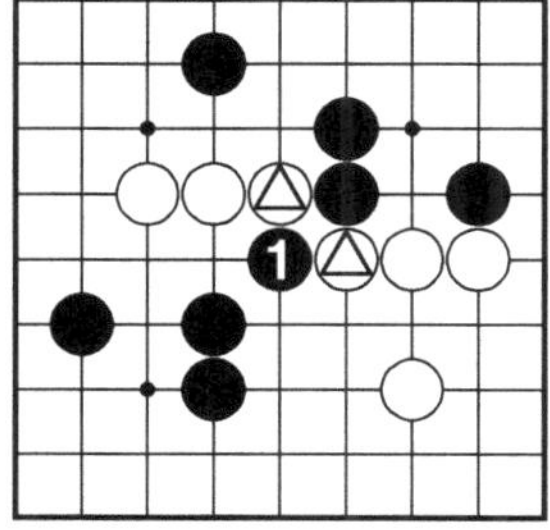

[84] Nero 1 taglia e così separa le pietre bianche.

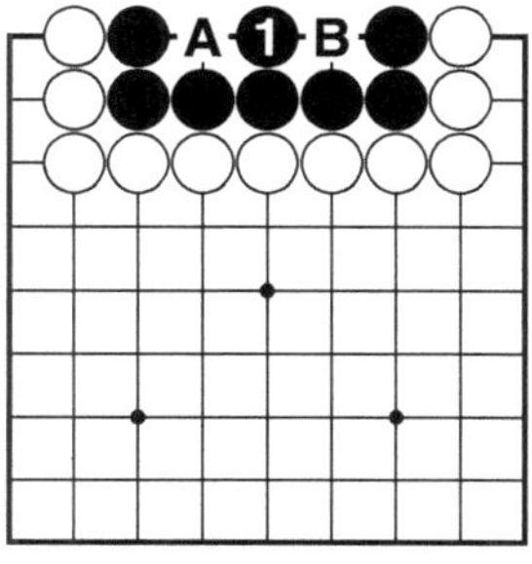

[85] Nero 1 è il punto vitale che assicura due occhi: A e B. Nero vive.

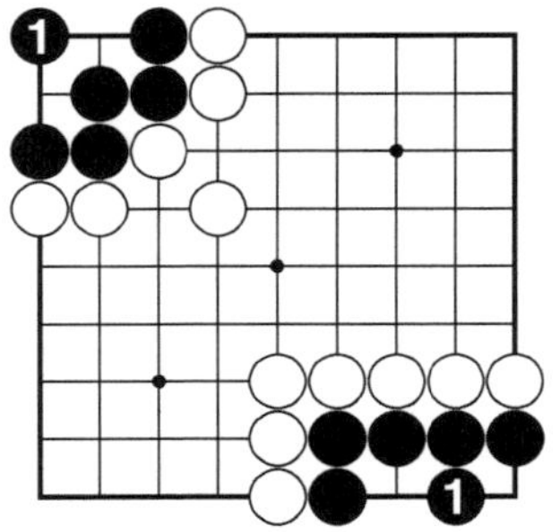

[86] Nero 1 occupa in entrambi i casi il punto vitale. Entrambi gli angoli sono sicuri e non possono più essere catturati.

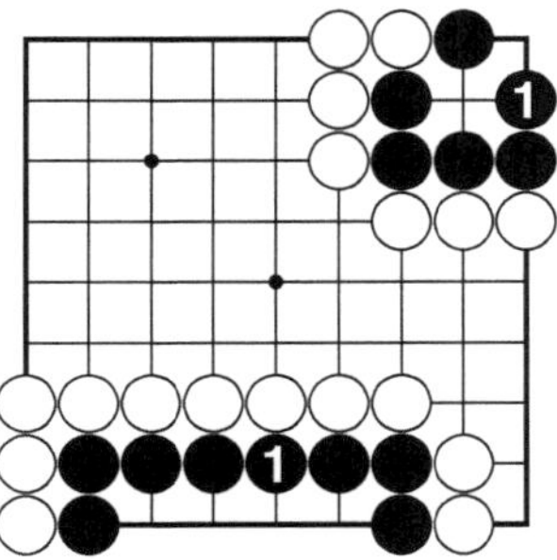

[87] Nero 1 assicura la vita. Nessun'altra mossa adempie questo compito.

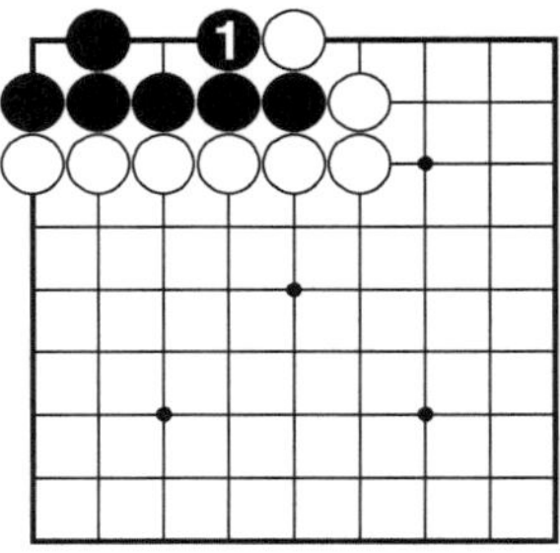

[88] Nero 1 assicura il secondo occhio. Nero vive.

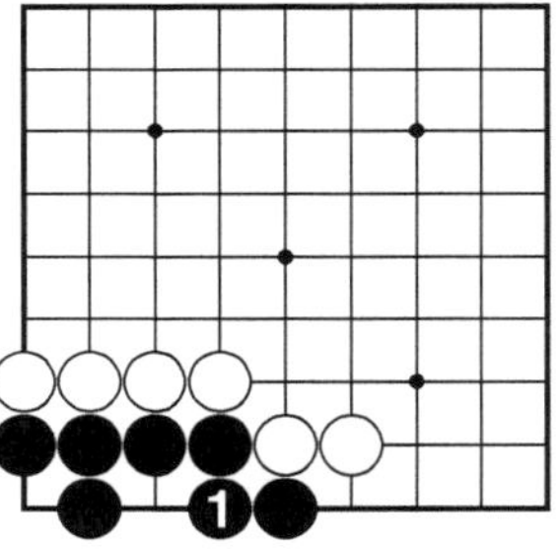

[89] Nero 1 assicura il secondo occhio. Nero vive.

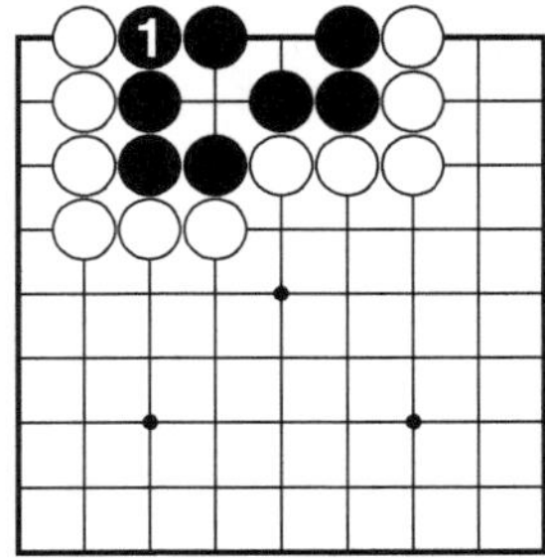

[90] Nero 1 assicura il secondo occhio. Nero vive.

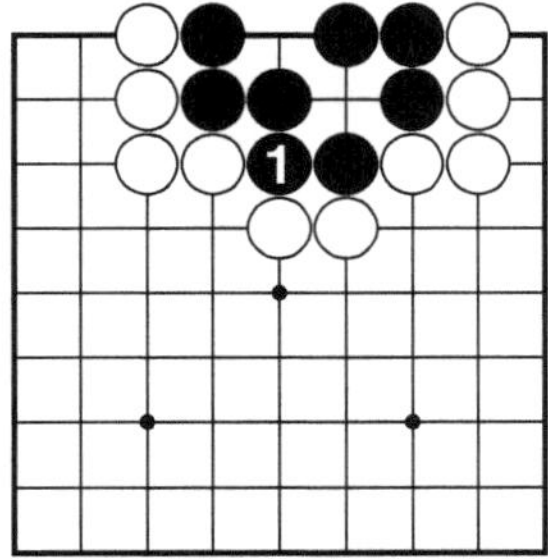

[91] Nero 1 assicura il secondo occhio. Nero vive.

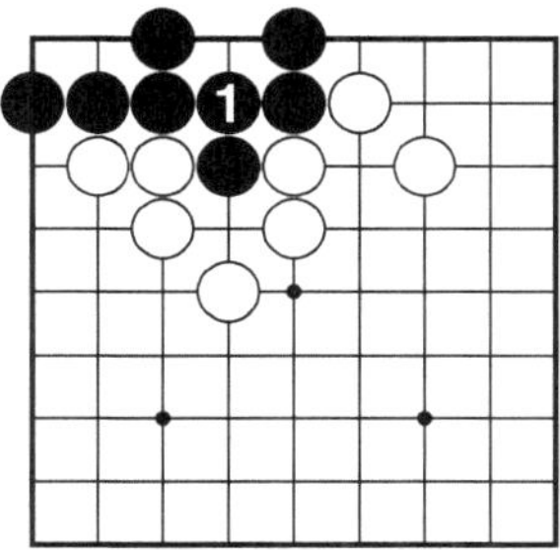

[92] Nero 1 è necessario e assicura la vita del gruppo.

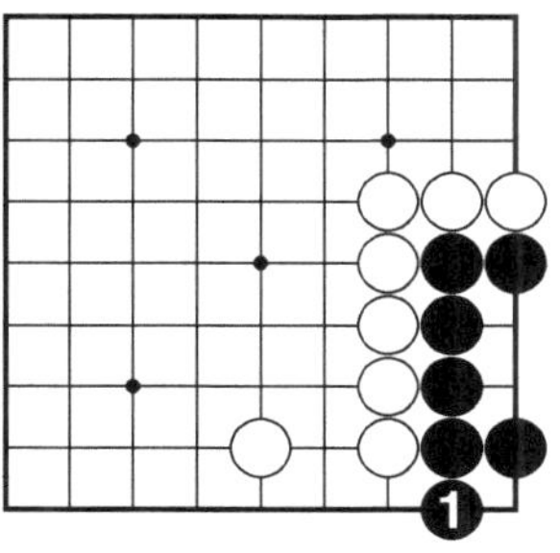

[93] Nero 1 assicura il secondo occhio. Nero vive.

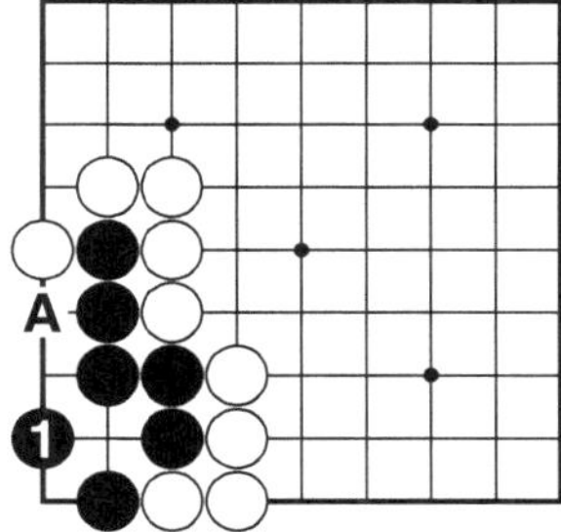

[94] Nero 1 assicura la vita. Se il Nero giocasse invece in A, il Bianco ucciderebbe con una mossa in 1.

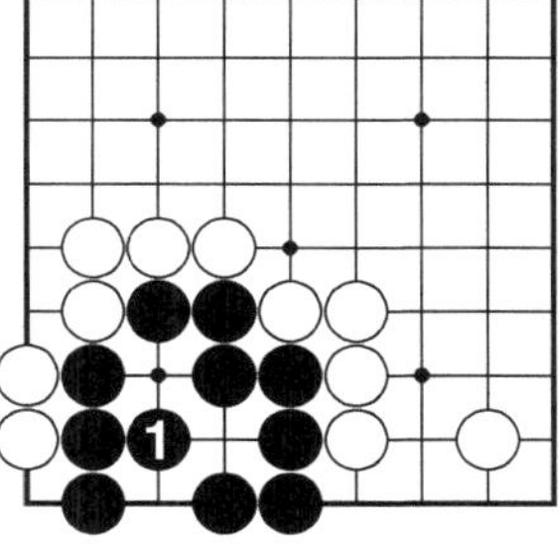

[95] Nero 1 assicura la forma dell'occhio. Nero vive.

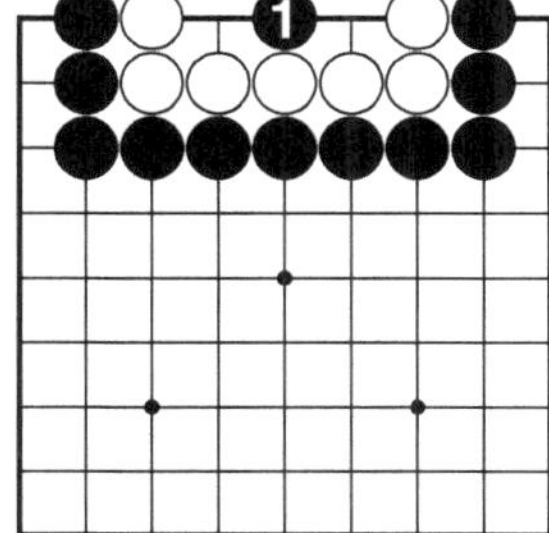

[96] Nero 1 impedisce che il Bianco formi due occhi. Il Bianco è morto.

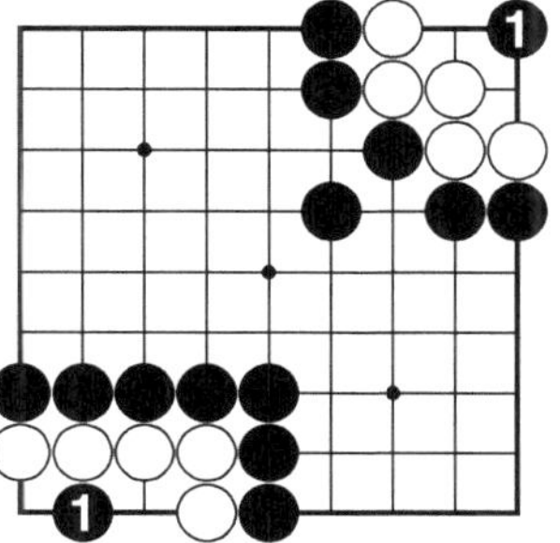

[97] Nero 1 impedisce in entrambi gli angoli che il Bianco formi due occhi. Entrambi i gruppi sono ora morti.

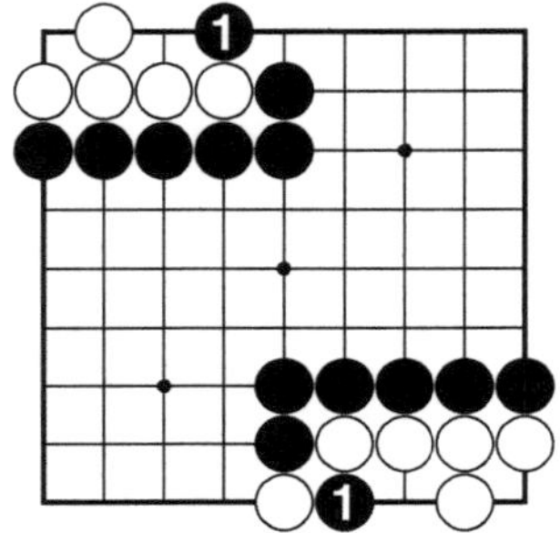

[98] Nero 1 impedisce il secondo occhio del Bianco. I gruppi bianchi sono morti.

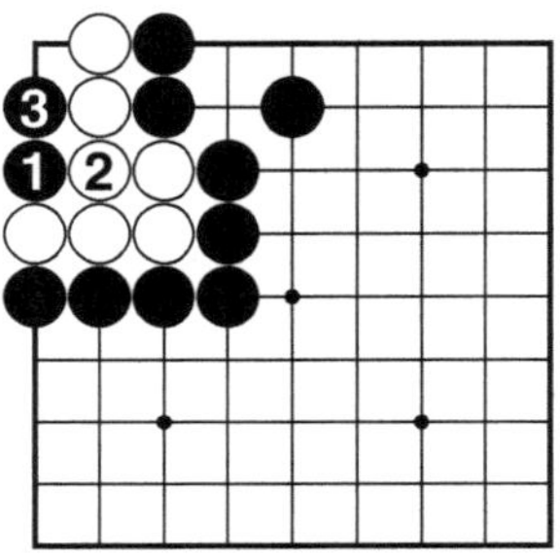

[99] Nero fa Atari con 1 ed evita con 2 due occhi. Il Nero può, in questa posizione, giocare anche subito in 3.

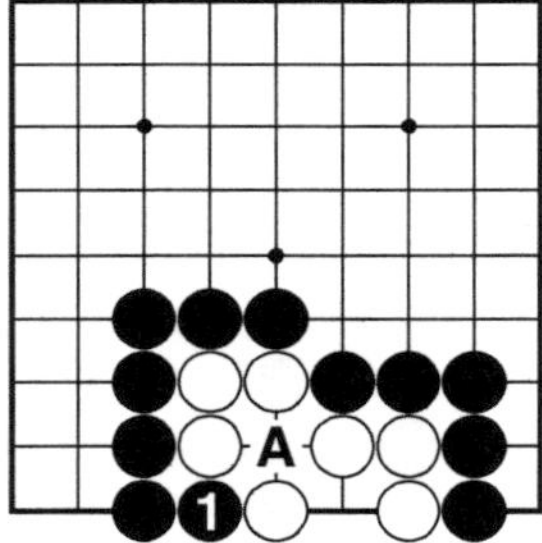

[100] Nero 1 uccide, perché le tre pietre bianche sono in Atari. Il Nero può catturare in A.

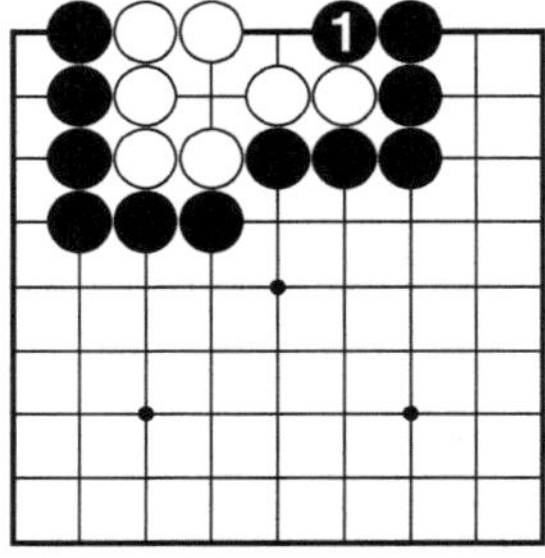

[101] Nero 1 evita il secondo occhio del Bianco.

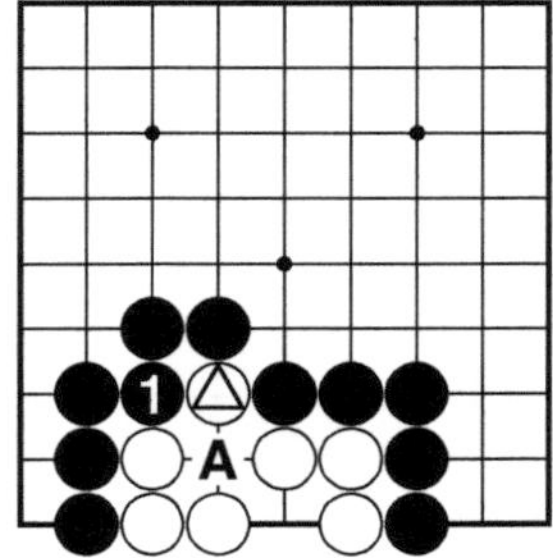

[102] Nero 1 uccide. La pietra contrassegnata è in Atari e può essere catturata in A.

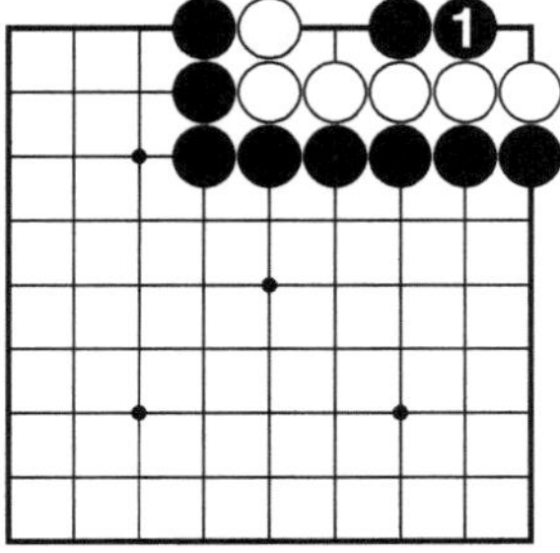

[103] Nero 1 impedisce che il bianco possa creare due occhi.

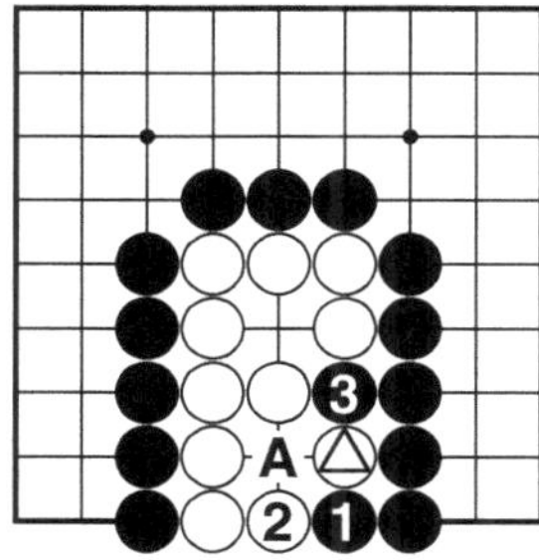

[104] Nero 1 è giusto. Se il Bianco risponde in 2, allora il Nero fa Atari con 3.

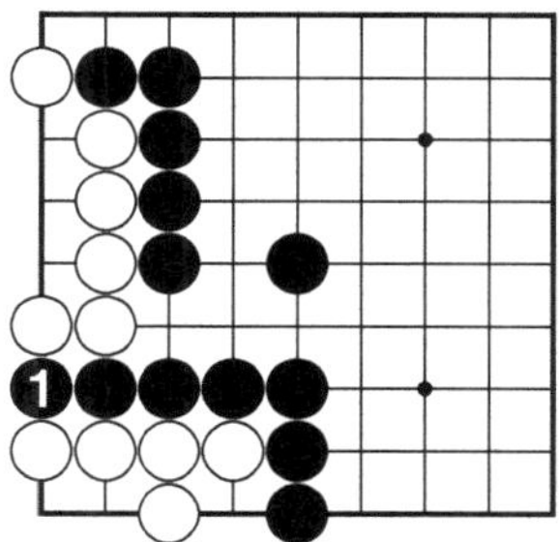

[105] Nero 1 divide entrambi i gruppi bianchi. Questi hanno solo un occhio ciascuno e non possono vivere.

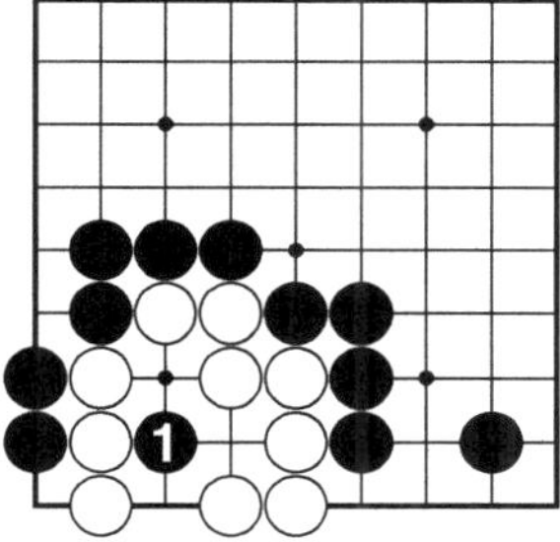

[106] Nero 1 occupa il punto vitale e evita il secondo occhio del Bianco.

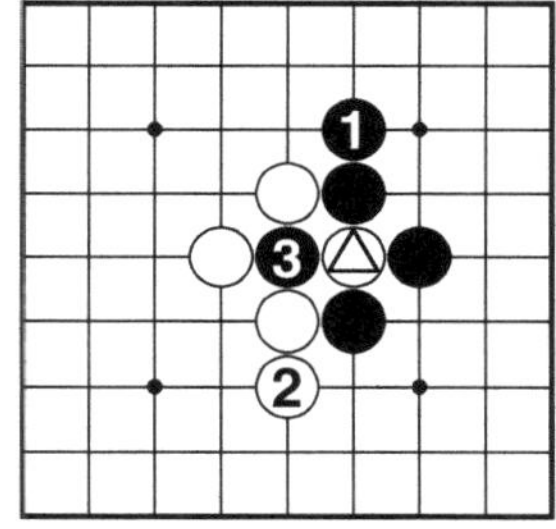

[107] Il Nero non può ricatturare subito. Deve prima giocare da un'altra parte, prima di poter catturare in 3.

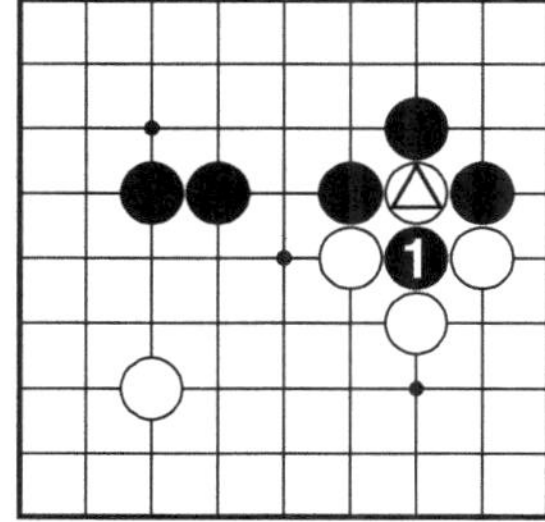

[108] Nero 1, catturando per primo, inizia il Ko.

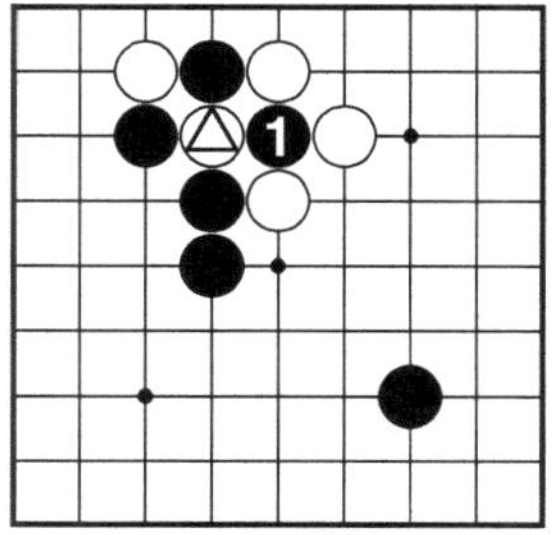

[109] Nero 1 inizia il Ko. Il Bianco non può ricatturare subito.

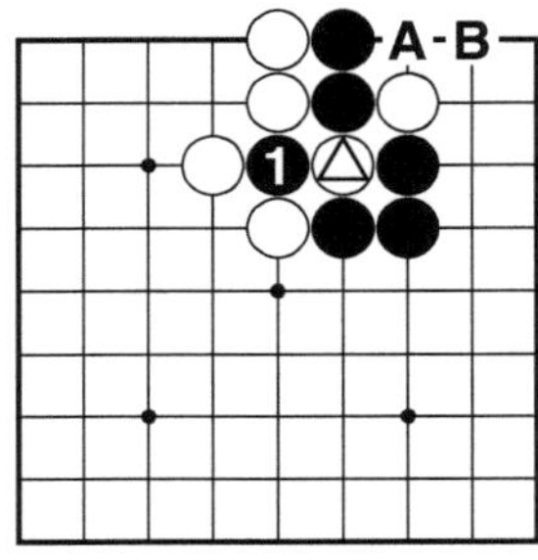

[110] Nero 1 inizia il Ko. Se il Nero giocasse invece in A, il Bianco lo catturerebbe in B.

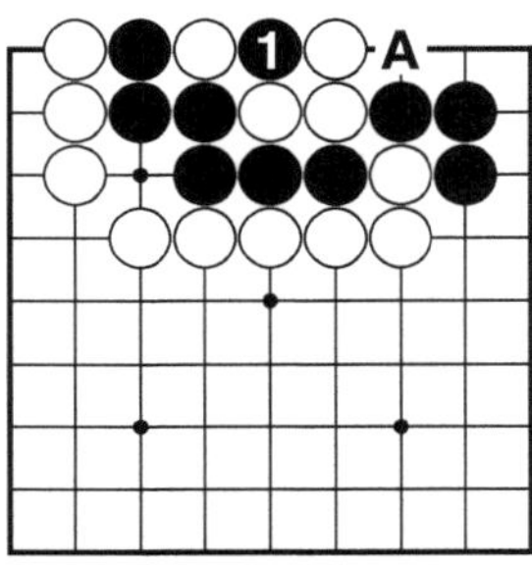

[111] Nero 1 inizia il Ko. Per salvare la sua pietra, il Nero deve catturare in A.

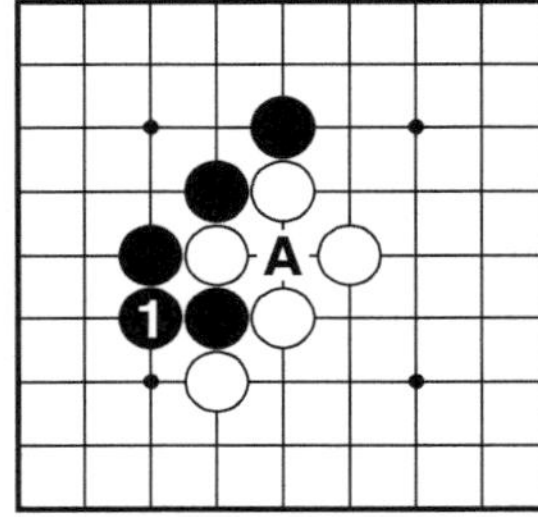

[112] Nero deve evitare con 1 che un'altra pietra venga catturata. Non può ancora giocare in A.

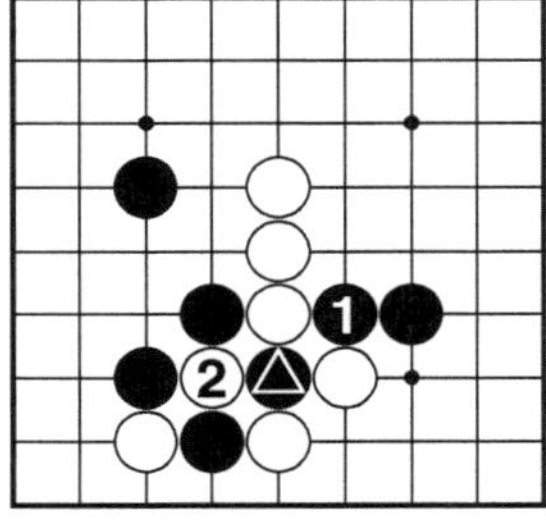

[113] Nero 1 divide le pietre bianche e il Bianco deve iniziare con 2 un Ko.

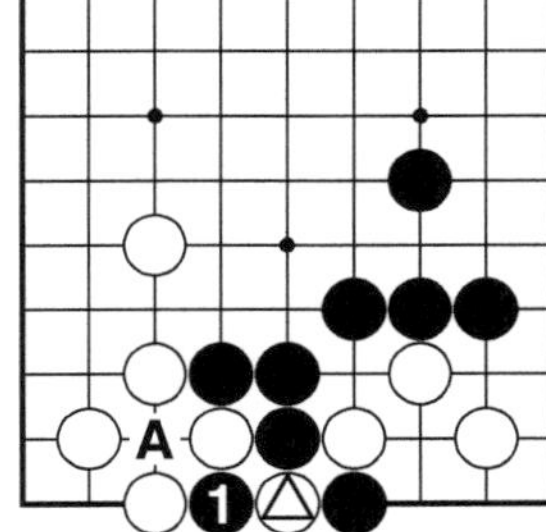

[114] Nero 1 cattura e il Bianco non può subito ricatturare. Se il Bianco copre in A, allora il Nero copre sulla pietra contrassegnata.

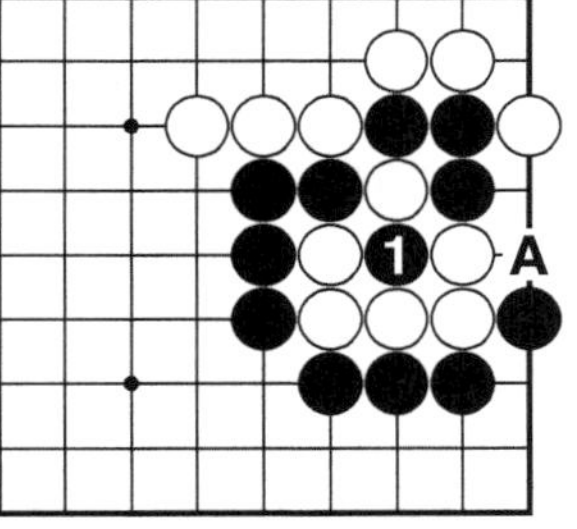

[115] Iniziare il Ko con Nero 1 è l'unica possibilità! Per vincere il Ko, il Nero può catturare in A.

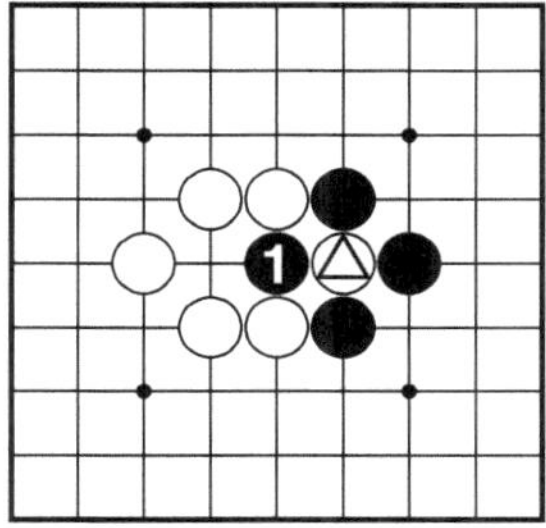

[**116**] Il Nero può in 1 ricatturare la singola pietra. Non è un Ko.

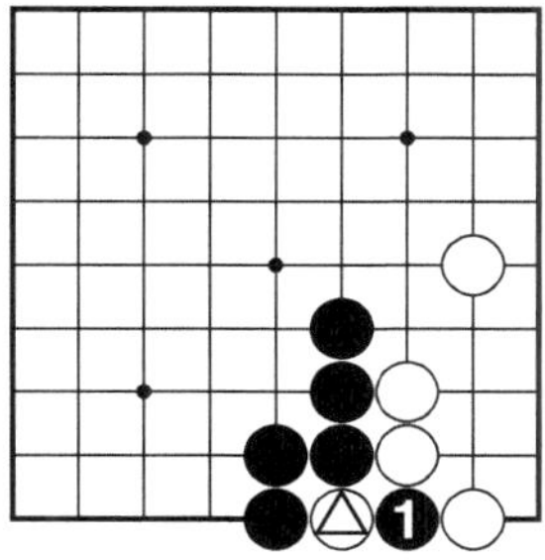

[**117**] Nero 1 inizia il Ko sul bordo della tavola.

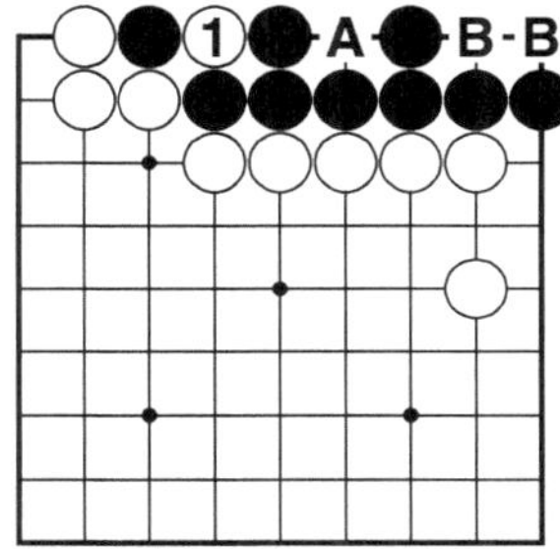

[**118**] Se il Nero non copre, allora il Bianco può catturare in 1. Questo è quindi un occhio falso. I punti A e B sono occhi veri.

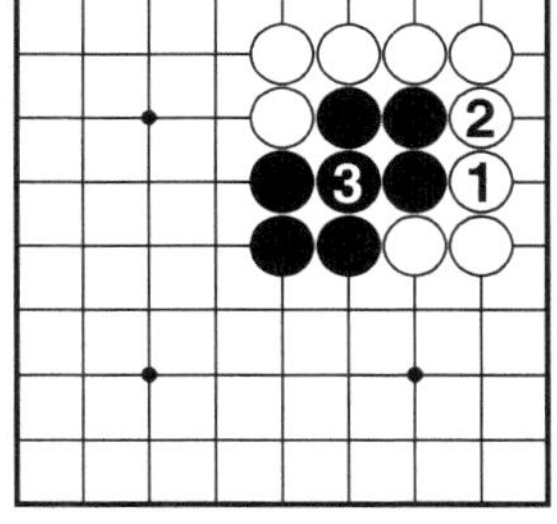

[**119**] Dato che il Nero dopo Bianco 1 e 2 deve coprire, il punto non era un occhio vero.

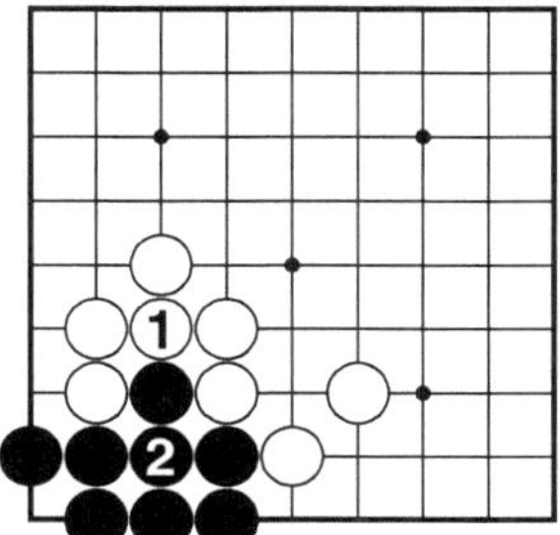

[**120**] Bianco 1 è in Atari. La copertura non aiuta perché il gruppo ha solo un occhio vero ed è quindi morto.

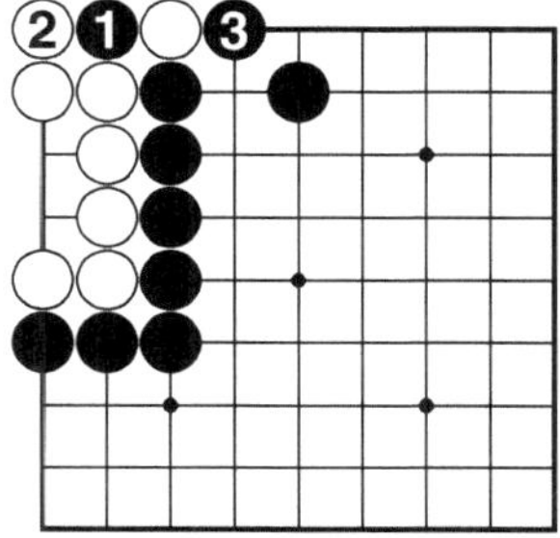

[**121**] Nero 1 rende l'occhio un occhio falso. Se il Bianco cattura in 2, il Nero crea un Atari in 3.

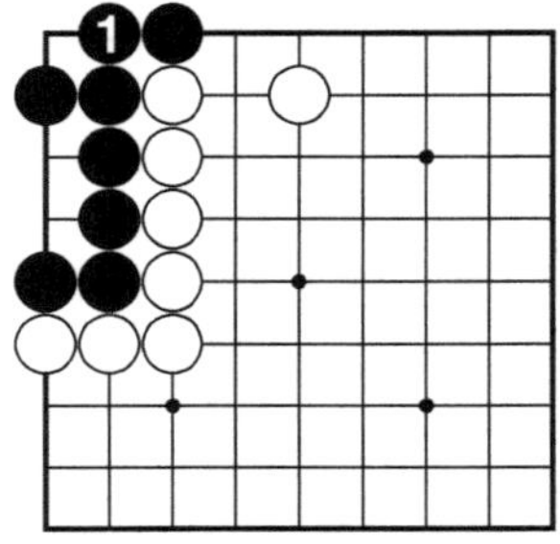

[122] Nero 1 assicura un secondo occhio vero.

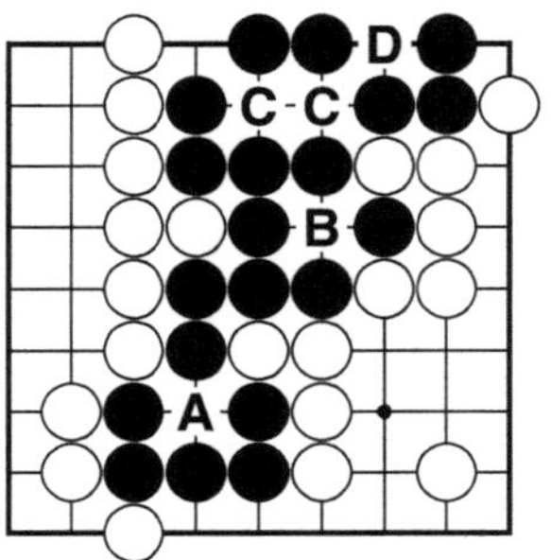

[123] I punti A e B sono occhi falsi; C e D sono al contrario occhi veri.

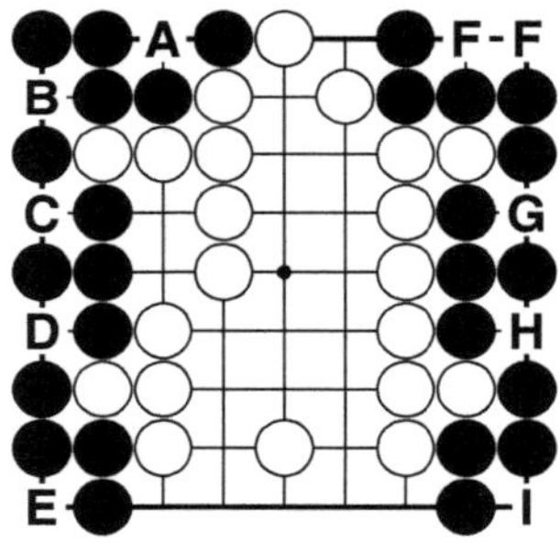

[124] I punti da A a E sono occhi falsi, perché il Bianco può a mano a mano catturare. I punti da F a I sono occhi veri.

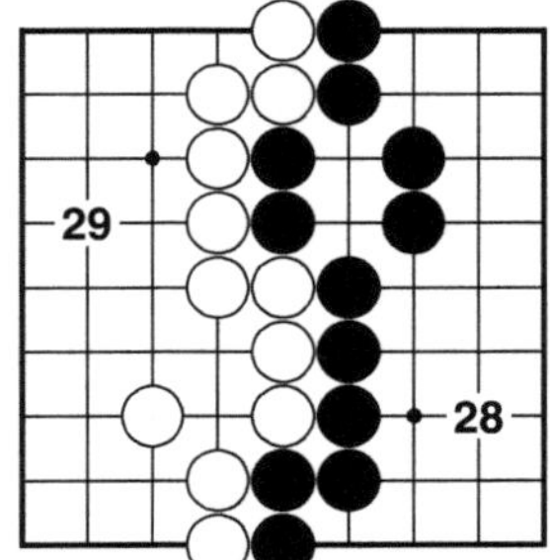

[125] Il Nero ha 28 punti, il Bianco 29. Il Nero perde per un punto.

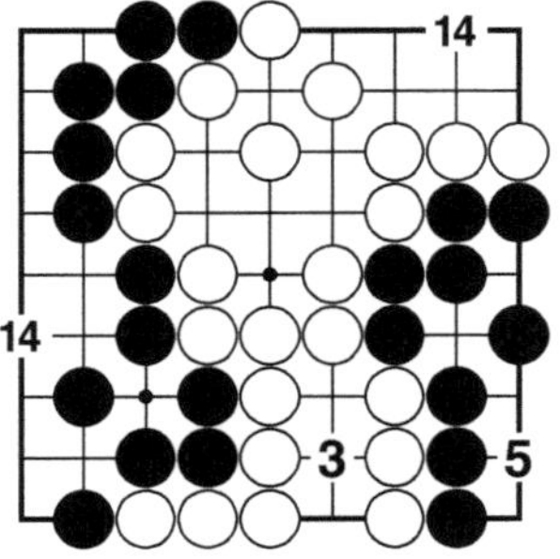

[126] Il Nero ha in tutto 19 punti, il Bianco ne ha 17. Il Nero vince con 2 punti.

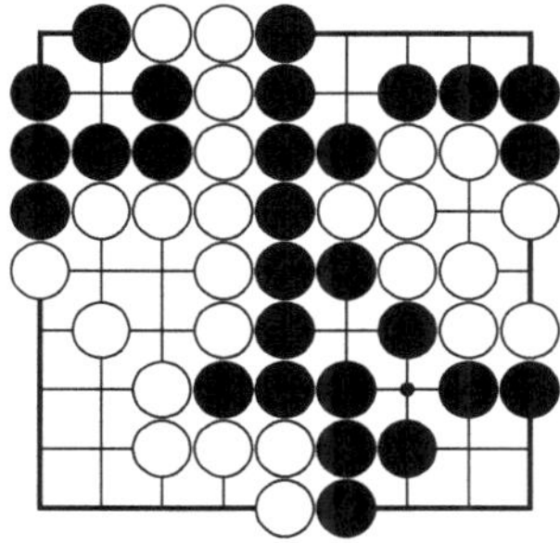

[127] Qui ci sono 14 punti per il Nero e 14 per il Bianco. La partita finisce con un pareggio.

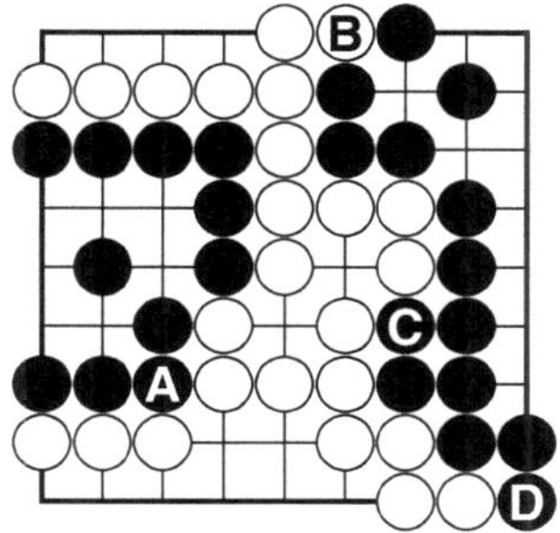

[128] I punti da A a D sono neutri e vengono occupati alternativamente. Non è importante chi prende quale punto. Nero vince con 3 punti.

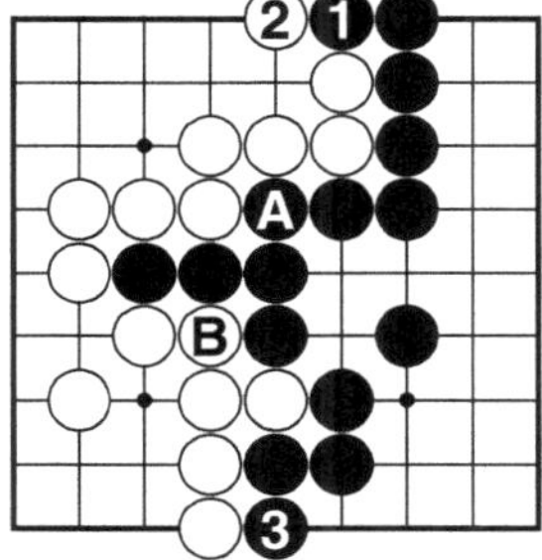

[129] Nero 1 e 3 fanno altri punti. A e B sono punti neutri e sono stati occupati alternativamente. Il Nero vince con un punto.

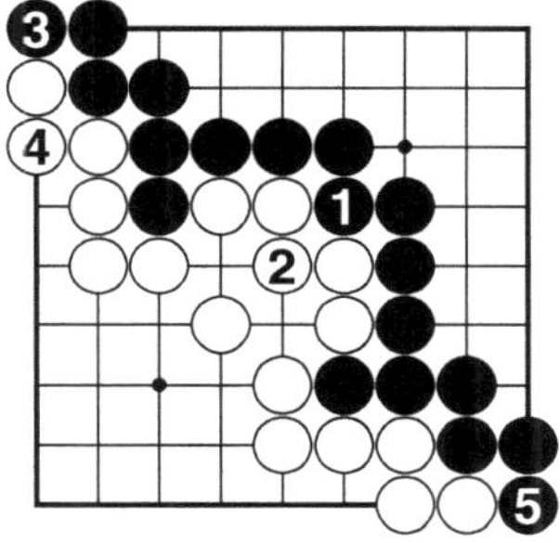

[130] Nero 1 minaccia un doppio Atari, quindi il Bianco deve difendersi con 2. Dopo Nero 5 si possono contare i punti. Il Nero vince con 2 punti.

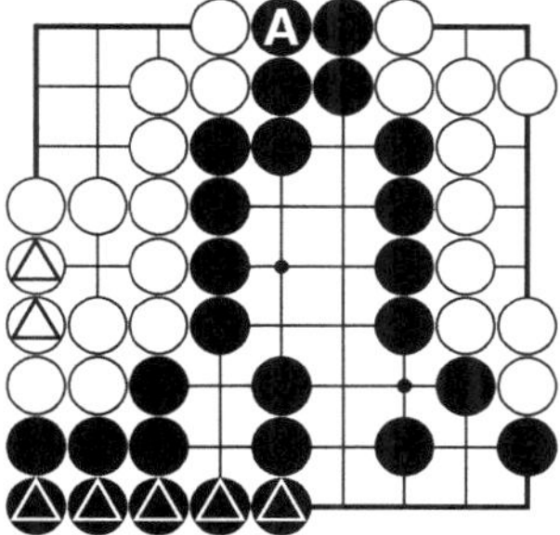

[131] Le pietre morte vengono date indietro e riducono i punti (pietre contrassegnate). A è l'unico punto neutro. Il Nero vince con 4 punti.

BRETT UND STEIN
VERLAG